渡部信一

Watabe Shinichi

障害児は「現場《フィールド》」で学ぶ

自閉症児のケースで考える

新曜社

はじめに

保育園や幼稚園、あるいは小学校において、子どもたちの中で学ぶ、障害を持った子どもたちが増えています。「わが子を、普通の子どもと同じように、友達と一緒の環境で学ばせたい」と考える父母が、ますます増えているからです。それにともない、そのような障害児を担当している先生から、「いったい私は、この子に対して何をしてあげればよいのですか」と質問されることが多くなってきました。

多くの先生は、特に「障害児」の専門的な教育を受けているわけではありません。確かに、大学や短大の授業でごく基本的なことは学んだかもしれません。また、障害児教育に関する短期間の研修を受講した経験があるかもしれません。でも、そこで学んだことは、「目の前にいる障害を持った子どもたちに対して何をしてあげればよいのか」ということに答えてくれるとは、到底思えません。困ってしまいます。パニック寸前です。

この本は、そのような保育園や幼稚園の先生、小学校の先生、そしてお母さんやお父さんのために書いてみました。障害児教育に関して特に専門的な訓練も受けたことのない先生方が、目の前にいる障害を持った子どもたちに対して何をしてあげればよいのか、また親として、障害を持った子どもとどう向き合ったらよいのか、この本を読み終えた後に、この疑問に対するなんらかの答えがきっと見つかるはずです。

さっそくですが、これまでの障害児教育には、ひとつの原則がありました。個々の障害の特徴や障害の程度を考慮し、専門的な知識にもとづいた効果的な指導を、ひとつひとつ丁寧に、そして系統的に行なわなければならない、というものです。今までずっと、この原則に従って教育が行なわれてきて、それなりの障害改善という実績を上げてきました。しかし最近、学会や保育・教育の現場において、これまでとは少し違った考え方で子どもたちを育ててゆこうとする風潮が現れてきました。指導者の専門的な働きかけよりは、子どもたちの中で学ぶということの効果の方を重視しようとする考え方です。

この本では、このような最新の考え方も合わせて紹介しながら、子どもたちの学習や発達を考えてゆきたいと思います。

まず最初に、私自身が経験した、以下のようなまったく個人的な事件（事件とは言えないほど些細なことですが）を紹介したいと思います。

自閉症と診断された5歳の男の子、太郎。保育園に入園し、普通児の中で生活しています。

私が保育園を訪れた日、彼は運動会の出し物である「太鼓踊り」を皆と一緒に練習していました。保母によれば、その日が練習初日とのこと。

なんて上手に踊っているんだろう！

私は、太郎が皆と一緒に踊っている様子を見て、そう思いました。私の目の前で踊っている太郎は、大学の訓練室で出会う彼とは別人のように思えたのです。そして、私の頭の中に、ふと次のような疑問が生じました。

《もし、保母さんと一対一で踊りの指導を受けたら、太郎はもっと上手に踊れるようになるのだろうか？》

もし、他の子どもがいなくて、保母と太郎との一対一の練習だったら、太郎は保母からもっと手厚い指導、きめ細かな指導が受けられるはずです。保母は、太郎の反応を見て、太郎だけを対象にして指導することができます。大勢の中で練習をするより、一対一で指導を受けた方が、間違いなく太郎にとって踊りは上達するはずです。

しかし、私は、大勢の子どもたちのざわめきの中で、ある種の確信を持ってそれを否定しました。

《保母と一対一だったら、こんなに上手には踊れないに違いない。このざわめきこそが、太郎を上手に踊らせているのだ。大人ではなく子ども同士、ひとりではなく大勢、これこそが太郎を上手に踊らせているのだ。》

私は、そう思わずにはいられませんでした。しかし、この「主観」を、私は、いったいどのように説明したらよいのでしょうか？

私は、この本の最後で、この疑問に答えようと思います。ある意味で、この本はこの疑問に対する答えを見つけるための、私自身の検討の記録でもあります。

これまでの「障害児には専門的な知識や技術を持って指導する」といった考え方から、指導者の専門的な働きかけよりは、子どもたちの中で学ぶということの効果の方を重視しようとする考え方への移行。障害を持った子どもを目の前にしてパニックに陥っている先生方や親御さんに、ぜひ知っていただきたいと思っています。

※この本に登場する子どもたちの名前は、すべて仮名です。また、この本では特に、コミュニケーションに障害のある子どもたちを対象にしました。

目次

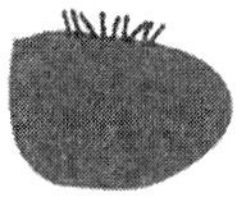

装幀＝柳川貴代

1

自閉症とは、

たとえば……

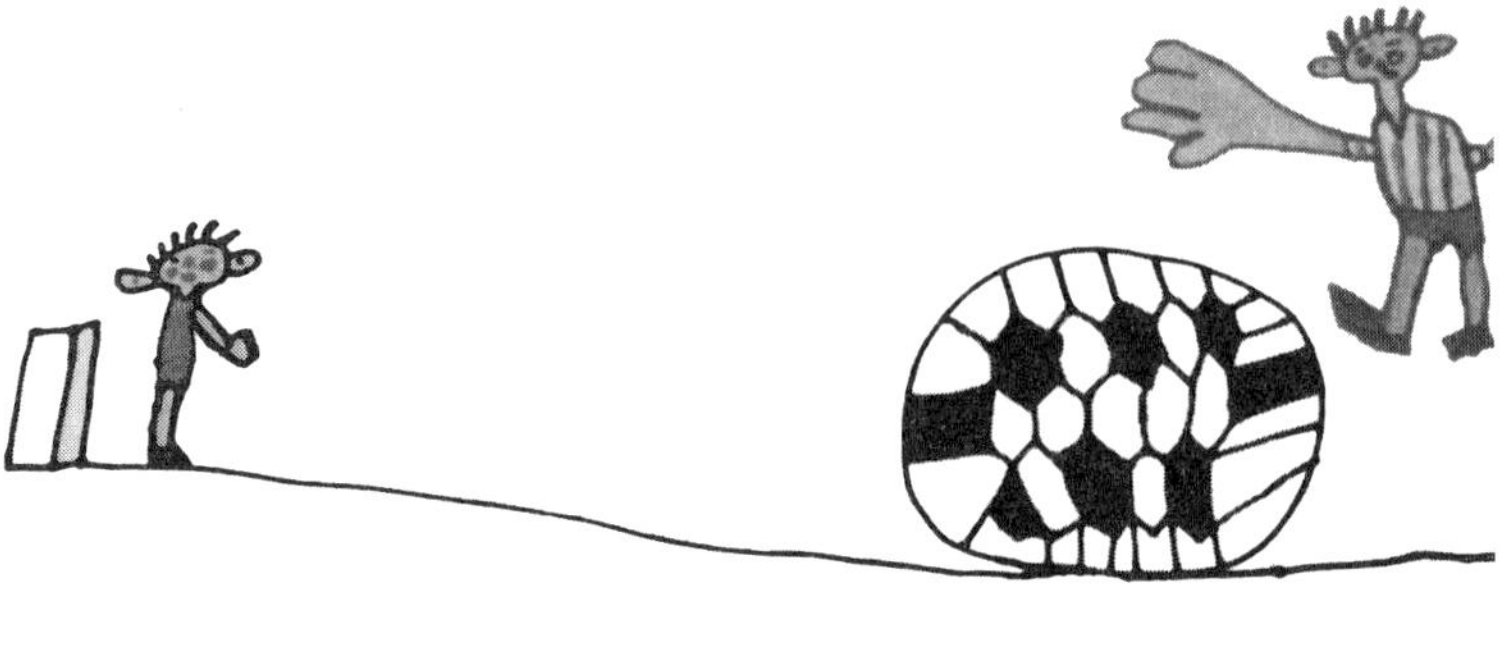

まずは、ウォーミング・アップです。この本で登場する「自閉症」。簡単に「自閉症とはどんな症状か」について復習したいと思います。

ここでは、私のこれまでの経験を小説風に描いたものを紹介します。架空の自閉症児として風太郎《かぜたろう》、その母親として風子《ふうこ》が登場します。風太郎は典型的な自閉症児として描かれていますが、もちろんこの症状が唯一というわけではありません。また、「自閉症についてはよく知ってるよ」という方は、この章は飛ばしていただいて結構です。

小説風：自閉症とは、たとえば……

風子が保育園にたどりついたとき、時計は午後7時を少しまわっていた。

保母といつものように社交辞令的会話をかわし風太郎をひきとろうとしたとき、保母が風子の動きを制止した。

「あのお……」

保母は、風子の少しいらだっている態度を察したのか、咽喉まで出かかった話をはき出せないでいた。

風子が多少いらだっていたことは事実であった。しかし、風子の方もハウスマヌカンという職業柄、保母が何か言いたがっていることにはすぐ気がついた。ちょうど、客が昨日買った洋服を持ってきて「別のと交換してほしい」と言えないでいるときの顔つきである。風子は風太郎の母親としてではなく、ブティックのハウスマヌカンとしての顔で言った。

「何か?」

それは、まさに他人ごとのような聞き方であった。少なくともこの関係は、風子が高い立場で、保母が低い立場であった。しかし、保母のことばは、この上下関係をすぐさま逆転させた。

保母は、言った。

「風太郎君は、もう2歳6カ月ですよね?」

改めて風太郎の年齢をたずねられ、風子はある種の違和感を感じ、一瞬とまどった。正直なところ、風子は風太郎のことを、物理的にだけでなく、精神的にも保育園まかせにしていた。

「そんなこと私に聞かないでよ。あなたは保母なんだから、あなたの方が私なんかよりずっと風太郎について詳しいはずでしょ。」

風子はとっさにそう考えたが、次の瞬間、風太郎が2歳を半年も過ぎていることに驚いた。

「ついこの前、2歳の誕生日をしたと思ったら、もうあれから半年過ぎてしまった。」

2歳の誕生日には、近くのファミリー・レストランで食事をした。夫の幸治は、いつものように仕事に忙しく、2人だけの誕生会だった。

仕事の帰りに買ったクマのぬいぐるみを風太郎に手わたすと、風太郎は見向きもせずにそれを床に落とした。そして、ぬいぐるみを包んでいた包装紙に印刷された玩具メーカーの社名を示すアルファベットの単語を興味深そうに見入っていた。

実際、風子は、2歳の子どもがどのようなものかまったく知らなかった。何ができ、何に興味を持っているのか。どのくらいお話ができるのか。風子にとってそんなことはどうでもよかった。風子にとって重要なのは、店のこと、マンションのローンのこと、そして男友達のこと……だから、風太郎が犬のぬいぐるみに興味を示さなかったことはちょっと残念ではあったが、それほどショックというわけではなかった。

「風太郎は男の子だから、ぬいぐるみなんかに興味がないのかもしれない。それより風太郎は、英語や数字に興味があるんだわ。私の子ですもの、今に英語をスラスラ話しはじめるようになるんじゃあないかしら。」

そのとき、風子はそう思った。

保母が、言った。

「あのー、風太郎君は、もう2歳6カ月ですよね。それにしては、ことばがまだひとつも言えないいんですが……」

風子には、保母が何を言いたいのかわからなかった。

「風太郎は、英語だって読めるのよ。家でも、アルファベットのブロックや数字のブロックがお気に入りだわ。それに、私の言うことは何でもわかっているし……今はしゃべれないかもしれないけど、もうすぐしゃべれるようになるはずだわ。」

風子は、こう言いかけた。それを無視するように、あるいはそれを打ち砕くかのように、保母は続けた。

「どこかの病院で、診ていただいたらいいと思うんですが……」

風子は、それがどんな意味かわからなかった。

「病院だって?! 風太郎は熱があるわけでもないし、痛いところがあるわけでもない。それに何かの病気というわけでもないのよ。それなのに、病院とは! 病院に行って、何をしろというのかしら。注射、薬、それとも手術?!」

風子の当惑した気持ちを察してか、保母はつけ加えた。

「大学病院でうちの園の子が、以前、診ていただいたことがあるんですよ。その子も、ことばがおそくて……」

それで、その子はしゃべれるようになったんですか、風子は咽喉まで出かかったこの質問を、再びのみこんだ。何かこの種の質問が、ある種のタブーのような気がしたからだ。

この質問の代わりに風子の口から出たのは、風子自身予想もしなかったことばであった。

「それで、大学病院には、先生も一緒についてきてくれるんですか?」

言った後、風子は、自分の幼なすぎる質問に、顔がほてるのを感じた。それを察してか保母はその質問を軽く無視し、視線を風太郎に落とした。

「じゃあ、風太郎君、また明日ね!　バイバイ!」

風太郎は保母の顔を見ようとせず、かと言って風子をしたっている様子もなく、手に持っていたミニカーのドアを器用に開けたり閉めたりしていた。風子は風太郎の手を引っぱり、保育園を逃げるように出た。

ほんの1分か2分の保母とのやりとりが、風子には1時間にも2時間にも感じられた。

しかし、この保母の一言で始まった風子の人生の歯車の狂いは、それよりももっともっと長く続くことになる。

風子と風太郎は、11時半を少し過ぎた頃に病院についた。

病院は、巨大であった。普段、車や電車の中から見ているときにはそれほどに感じなくとも、いざ自分がその病院にかかるとなると、その巨大さがいっそう増して感じられる。

「巨大な病院だからきっとすぐ治るだろう、と考えるのが巨大病院にくる患者の心理というものなのかしら。」

風子は、ふとそんなことを考えた。

病院の受付は、予想外に親切であった。巨大病院にありがちな無愛想な感じや事務的な感じがなかったことに、風子は安堵した。今の風子の心理状態にとって、巨大病院にありがちな無愛想や事務的な感じは致命的であった。受付を半分で止め、そのまま帰ってしまわないともかぎらない。

「病院というところは、人間の『病気』を治すところではなく、病気を持った『人間』を治すところだ、誰だったか思い出せないがそんなことを言った人がいた。」

普段は到底考えるはずのないそんなことが、風子の頭をよぎった。

いずれにしても病院の受付が親切なことに、風子は安堵していた。風子が病院を訪れた理由を言うと、受付の女性はおだやかな声で、言った。

「それでは、まず小児科へ行ってください。小児科は……」

小児科の外来は、1階にあった。9階建ての病院は、1階が各科外来、2階が医局と手術室、3階以上が入院病棟になっていた。

1階の比較的玄関に近いところにある小児科外来は、子どもたちでごったがえしていた。外科や老人の多い内科などとは異なり、それほど暗いイメージはなかったが、ギャーギャー泣きわめく赤ん坊や椅子の間を所狭しと走りまわる元気な（？）子どもに、風子は閉口した。

しかし、その雰囲気に、風子はある種の安堵感をおぼえた。それまで、風子は風太郎以外の子どもの行動を、意識して見たことがなかった。今、改めて元気に走りまわる子どもたちを見て、風太郎と同じじゃないか、と感じていた。

風子が座る席を探していると、ひと組の親子が看護婦に名前を呼ばれ立ち上がった。子どもは風邪をひいたらしく、大きなマスクをしていた。セキの激しさが、近所のかかりつけの医院ではなく、大学病院にきた理由を物語っていた。風子と風太郎は、その空いた席に座った。もっと厳密に言えば、風子が風太郎の手を引っぱってその席までつれていき、風太郎を抱きかかえるようにしてその席に座らせた。しかし、風太郎は「ウー！」と大声で叫んだかと思うと立ち上り、一目散に逃げ出した。

これまで風子は、風太郎を、活発な子どもだと思っていた。一時もじっとしていない。食事のときも、じっと椅子に座っていることはまずなかった。極端な偏食があり、朝などは食パンにジャムをつけたものか菓子パンだけしか食べなかったが、手にパンを持ったまま部屋じゅうをうろうろしたり、床に寝ころがって食べるのが常だった。そして、子ども番組をつけてやってもまったく見向きもしなかった。それは、とても活発な性格のせいだと風子は思っていた。

テレビで好きなのは、コマーシャルだった。子ども番組には見向きもしないくせに、コマーシャルが始まるととなりの部屋で遊んでいても飛んできて、テレビの前に座りこむ。そして時には、画面に目の玉がくっつくのではないかと思われるほど目をテレビに近づけて、見ていることもあった。風子はそれをちょっと異様に思っていたが、子どもは皆こんなもんなんだろうというくらいに思っていた。目が悪くなることが気になり「テレビから離れて見なさい」と注意はしていたが、それも叱るというよりは、とりあえず言っておくという程度のものであった。

いずれにせよ、これまで風子は風太郎について、おかしいと思ったことはなかったし、ことばが出ないことについても、もう少したったら自然に出てくるだろうという程度に考えていた。

それがあの日以来、保母が風太郎を病院につれていくことを提案して以来、少し気になりだした。

病院に行けば、医者に風太郎のことを聞かれる。何がどうおかしいのか、説明しなければならない。

しかし風子には、風太郎のどこがどうおかしいのか具体的にはほとんどわからなかった。

2歳半を過ぎてもまだことばが出ないということが他の子どもと違うということは、保母から指摘されて気づいた。このことを、まず言おう。しかし、一時も椅子に座っていられないということ、コマーシャルが好きでテレビに極端に目を近づけて見ているということ、ひどい偏食であること……これらのことは、普通の子でもそうなのか、何かの病気なのか、それとも性格の異常なのか、風子にはわからなかった。

もし性格の異常だったとしても、はたしてそれが病院で治るものなのか、そもそも病院にくること自体、常識はずれではないか、どこか違うところに行くべきだったのではないか、たとえば、性格相談所とか、教会とか、霊媒師のところとか……そもそも病院は病気を治すところ、医者は病気を治してくれる先生で、性格が普通の子と違っていることを言ったら笑われてばかにされるのではないか。

そう考えると、風子はその場から逃げ出したいという衝動にかられた。

そもそも私は、子どもなんかほしくなかったんだわ。一生独身で、仕事に生きればよかったんだわ。それが何でこうなってしまったのかしら。結婚なんかするんじゃなかった。子どもなんか生むんじゃなかった。

そのとき、「花鳥風太郎君！　中に入ってください」という看護婦の声がした。

アンパンマンの絵がはりつけてあるドアを開けると、そこには病院の臭いが充満していた。「ここに座らせてください」という看護婦の指示に従い、風太郎を２つ並んでいる椅子の小さい方のひとつに座らせる。風太郎は「ウー」と叫び、その椅子からの脱出をはかる。風子は、風太郎が椅子から逃げないように、後から風太郎を抱きかかえる。風太郎はまた「ウー」と叫び、体をくねらせて逃げようとする。風子の風太郎を抱きかかえる手に、さらに力が加わる。

そのとき、風子の前に現れたのは白衣を着た女性であった。はじめ風子は、その人が誰だかわからなかった。しかし、その女性が風太郎の前の椅子に座ったことで、彼女が女医であることに気づいた。女医は、まだ40前の小柄な女性であった。一見華奢な細身の体が、風子には異様に大きく見えた。

女医はやさしい声で、しかし威厳のある声で質問した。風子は、口の中がカラカラに乾くのを感じた。今までこのときのために考えていたすべてのせりふが、何ひとつ思い出せない。風子は、口の中だけでなく頭の中までもカラカラに乾いてくるような錯覚にとらわれた。

「どうしました？　風邪でもひきましたか？」

女医は再びたずねたが、風子のただならぬ態度に、単なる風邪などではないことを察したはずである。

「いや……」

風子は、かろうじて女医のことばを否定した。女医は、視線を風子からカルテに移した。

女医の視線から解放されて、風子は少し落ちつきをとりもどすことができた。

「あのー　保育園の先生が、この子のことばがおそいと言うものですから……」

それがあまりにも他人ごとのような言い方であったことに、風子自身も気づいていた。

「それで、お子さんはいくつですか？」

「2歳6カ月になります。」

「何か、ひとつでも言えることばはありますか？」

「いえ、今のところは……」

女医は、いつのまにか風子の顔に戻っていた視線を、今度は風太郎に向けた。

「ぼく、お名前はなんていうの？　先生に教えてくれる？」

風太郎はそれがまったく聞こえていないかのように無視し、体をよじらせそこからの脱出をくわだてていた。そして突然、また例の「ウー」という叫び声をあげた。

制止されている風太郎を不敏に感じたのか、あるいは風太郎を必死に制止している風子を気の毒に思ったのか、女医は言った。

「お母さん、子どもさんを自由にしてあげて結構ですよ。」

そのことばを聞いても、風子は風太郎を解放していいものかどうか一瞬ためらった。だが、女医のことばに従った。風太郎は、風子の手が完全に風太郎を解放するより早く、するりとその制止から逃れ、機敏にその場から離れた。そして、今度は「アー」と叫び、診察室を走りまわり、突然止まったかと思うと、手のひらを目の前でヒラヒラさせ始めた。まわりにいた看護婦はその異様な様子に驚きを隠せないような表情を見せたが、さすがに女医は顔色ひとつ変えずその様子を見ていた。

そして、再び、質問した。

「お子さんをおかしいと感じ始めたのは、いつからですか？」

「おかしいと言われても……」

風子は、答えることができなかった。女医はその様子をするどく観察していたが、再びカルテに視線を落とし、声の調子を変えて聞いた。それは質問の内容と同じく、事務的な調子であった。

子どもの名前と生年月日

妊娠期の異常の有無

出産時の様子

生後、今までに大きな病気にかかったことがなかったか？

首が座ったのはいつで、座位がとれるようになったのはいつか？

独り立ちしたのはいつで、歩けるようになったのはいつか？

これらの質問に答えるために、風子はいちいち母子手帳を見なければならなかった。女医は、ここまでのやりとりを几帳面にカルテに記入していたが、最後に、「母子手帳を見せてください」と言って、風子からそれを受けとった。

風子は、それならなぜ始めから母子手帳を見てカルテに写さないのかしらと思い、なんだか自分が女医にためされているような気がして、ひどくみじめな気分に陥った。

「身体には、特に異常はないようですね。」

女医のことばに、風子は一瞬安堵をおぼえた。

女医は、再び質問を開始した。

しかし、今度は、先ほどとはちょっと違っていた。女医の質問の仕方は、すでに何かを決断し、それを確認するためのもののようであった。

今、歩くのを見ていると、つま先立ちで歩いているみたいですが、家でもそうですか？

友達と遊ぶことが苦手で、いつでもひとりで遊んでいませんか？

お母さんと目があうことが、あまりないのではないですか？

テレビはコマーシャルが好きで、子ども番組はあまり見ないんじゃありませんか？

偏食が、ひどいでしょ？

数字やアルファベットに興味がありますね？

特に、カレンダーや車のナンバープレートなど好きでしょ？

ミニカーが好きで、ミニカーを一列にきちっと並べて遊びますね？

風子は、魔法をかけられているような気持ちになった。

何から何まで、全部、当たっている。全部、「YES」である。なぜ、女医は風太郎のことを何でも知っているのだろう。今日、初めて会ったばかりだというのに……。

女医は、顔色を変えずに何かカルテに記入していた。カルテに書かれた横文字が、女医の几帳面さを物語っていた。女医はなるべく感情をこめないように、さりげなく言った。

「お子さんは、たぶん自閉症だと思います。」

「自閉症……?!」

「……はい……自閉症です。」

「風太郎が、自閉症……?!　うそでしょ?!」

「……………」

「あのよくテレビや本に出てくる自閉症……?!」

　風子はそれまで、テレビや本で、何度か「自閉症」と出会っていた。しかし風子が知っている「自閉症」は、なんらかの心理的な原因で極端に人間が嫌いになり、部屋の中にとじこもってじっとしているような状態であった。思春期の女の子が母親にひどく叱られ、自分の部屋にとじこもって母親が呼びにきても部屋の隅にじっと丸くなって動かない。「誰にも会いたくない。誰とも話したくない」と言って、御飯も食べない。

　こんなイメージが、風子にはあった。風太郎は確かに友達と遊ぶのは苦手だけれど、活発に動きまわっているし、御飯だって食べる。風子の頭の中にあった「自閉症」のイメージと風太郎の姿とは、大きな隔たりがあった。

「自閉症って、あの自分の殻にとじこもってしまうという、自閉症ですか?」

　風子は、女医に聞いてみた。女医は風子の目を見つめながら、説明を始めた。

「そうですねえ。一般に理解されていたり、よくマスコミなんかに出てくる自閉症というのとは、ちょっと違うかもしれませんね……自閉症はコミュニケーション障害のひとつで、ことばの発達が遅れたり、何かに対するこだわりが異常なほど強かったりします。何か事件があってそれが契機で起こるというよりは、原因がわからない場合がほとんどです。ただ、自閉症児を持ったお母さん方は、とにかく手のかからない赤ちゃんだったと言うことが多いですね。風太郎君の場合には、どうでしたか？」

風子は突然質問されたことに驚くと同時に、自分が乳児期の風太郎について、ほとんど何も覚えていないことを認識した。

「そう言われてみれば、そんな気がします。」

風子は、とりあえずそう言ってみた。女医は軽くうなずくと、説明を続けた。

「それと、自閉症の子の中には、異常な行動を示す場合が多くあります。たとえば、目の前で手をヒラヒラさせたり、顔をしかめたり、つま先で歩いたりします。風太郎君の場合も、そうですね。それに、こだわりが異常に強いのも、自閉症の大きな特徴のひとつです。ミニカーや数字、アルファベットがとても好きなお子さんが多いですね。そして、ミニカーなんかで遊ぶときも、普通の子は、勢いよく走らせたり、ミニカー同士をぶつけたりして遊んでいますが、自閉症の子は何台かの車をきちんと一列に規則正しく並べてそれを見ていることが多いようです。それで、少しでもそれがずれると、癇癪《かんしゃく》を起こすことも多いみたいです。それに………」

女医の説明は、続いた。しかし、風子は、もう十分だと思っていた。もう、風太郎が自閉症であることに、間違いはなかった。

「彼女の説明のどれもが、風太郎にあてはまる。風太郎は、自閉症なんだ。」

女医は、最後に言った。

「でも、お母さん。気を落とさないでください。ちゃんと専門的な訓練を受ければ、風太郎君もきっとよくなりますよ。風太郎君のような障害児を持ったお母さん方も、みんながんばっているのですから……」

「障害児……!!」

女医は明らかに、風子を励ますために言った。しかし実際には、それは風子を絶望のどん底へと落とし入れた。障害児……このことばは、子どもを持つ女性の人生を大きく狂わすには十分すぎるほどの威力を持っていた。

風子は、視線を診察室を所狭しと走りまわっている風太郎に向けた。

「風太郎が、自閉症だなんて……風太郎が、障害児だなんて……」

風子は、自然にあふれ出る涙を、どうすることもできなかった。

2

子どもたちの中で 偏食が改善する

自閉症児の激しい偏食

どんな子どもでも、嫌いな食べ物のひとつやふたつはあるものです。しかし、自閉症の特徴のひとつとしての「偏食」は、かなりやっかいです。これは自閉症の「こだわり行動」や「固執」のひとつとして捉えることもでき、その様子は障害のない子どもの「偏食」とは比べものにはならないほど深刻なものです。

ひとりの自閉症児が偏食を改善するために、3泊4日の夏休み合宿に参加したという話を聞きました。彼は小学4年生ですが、果物や野菜がどうしても食べられないということで、その母親が合宿に参加させたのでした。その合宿は民間の教育機関が主催したもので、もともとは障害のない子どもたちの偏食を治すための合宿です。合宿の基本的な方針は、3食とも野菜中心。つまり、「野山でいっぱい遊んでお腹がすけば、嫌いなものでも食べるだろう」という考えです。

結果を聞いて、私は愕然としました。結局、彼が3泊4日の合宿のあいだ口にしたのは、水だけだったというのです。スタッフはなんとかして果物や野菜を食べさせようと工夫しましたが、彼はがんとして拒否し続けたのでした。まさに、「死んでも食べない」という様子だったといいます。障害のない子どもだったら、野菜でも何でも、お腹がすいてどうしようもなくなれば簡単に口にしてしまうのでしょうが、彼はそうではなかったわけです。自閉症の「固執」としての偏食とは、それほど深刻なものなのです。

ところで、このような深刻な偏食が、子ども集団の中で改善するという現象を経験することがあります。ここではまず、自閉症の海男の場合を紹介しましょう。

海男の医学的な診断は、自閉症。生まれてから1歳の誕生日くらいまではまったく普通の子どもでした。母乳から離乳食に変わった時点でも、特に偏食はなかったといいます。ところが、1歳の誕生日を過ぎた頃から、視線が合わない、奇声をあげる等、自閉的傾向が現れ出しました。それと並行して偏食も出現し、離乳期から毎日のように食べていたバナナも、その頃から徐々に食べなくなっていったといいます。

3歳8カ月で普通幼稚園に入園。他者とのコミュニケーションに著しい困難を示し、幼稚園でも海男のために保母がひとりついた状態でスタートしました。発語はまったくありません。

入園当初、食べることが可能だったのは、白御飯、スライスチーズ、焼そばの麺、など非常に限られており、家庭では御飯にふりかけをかけて食べることが多い状態でした。幼稚園での昼食は弁当で、入園後の4月下旬から始まりました。

私は、海男がどのようにして偏食を改善していくかを知りたくて、7カ月にわたり食事場面でビデオを回し続けました。以下は、その結果です。

当初、海男は昼食時間前に弁当を開けたがり、保母に制止されることが多く見られました。しかし実際に昼食の時間になると、じっと座って食べることはなく、一口食べては教室を出たり入ったりし、また一口食べるというような状態でした。

食事中に他児に視線を向けることはほとんどなく、他児が「海男のお弁当おいしそうだね」「海男、まだ残っているよ」などと声かけをしても、まったく無視していました。

保母が嫌いなものを食べさせようとすると、奇声をあげていやがります。ふりかけ御飯や焼そばの麺だけを少し食べると、自分から弁当のふたをしてしまいます。嫌いなものだけでなく好きなものも残してしまい、結果的には弁当の2割から3割しか食べないという状態でした。

ところが2カ月後の6月頃には、偏食に改善が認められるようになり、それと並行して食べる量が増えてきました。食事中に席を立つことも、徐々に減少してきました。そして、観察終了時の11月には、弁当の約8割以上を食べることが可能となり、自分の弁当を食べ終わるまでは席を立つこともなくなったのです。食事中も、まわりの子どもたちの様子を眺めているようになりました。

たとえば、チキンナゲットです。それまでは、保母が食べさせようとしてもいやがっていました。つまんでにおいをかぎ、弁当箱に戻すことも多かったのです。食べ物の臭いをかぐのは、自閉症のひとつの特徴です。

6月、保母が海男の横に座り口の中に入れると、しかめっ面をしてプッとつばを吐くように出してしまいました。もう一度口の中に入れ、ほぼ同時に、保母とまわりにいた子どもが「すごいね。食べれたね」と言うと、残りは自分で少しずつかじり、結局1個全部食べてしまいました。チキンナゲットを全部食べたのはこのときが初めてです。

ぶどうは、はじめ、保母が食べさせようとしましたが、ひどくいやがりました。次に、保母が海男の目の前で、となりの子に1粒食べさせましたが、海男は見ているだけでした。それを見ていた反対となりの子が「海男のぶどうももらってもいい？」と保母にたずね、保母が「海男、1粒、じゅんこちゃんにちょうだいね」と言って机の上にぶどうを1粒取り出しました。すると海男はそのぶどうをさっとつまみ、しばらく自分の顔の上を転がした後、ゆっくりと口の中に入れたのです。とてもすっぱそうに顔をしかめていましたが、保母と子どもたちが喜んでほめると、うれしそうにほほえんでくれました。そしてその後、3粒、それほど抵抗なく食べたのです。

お誕生会（プレールームで大勢の子どもたちが集まる）では、毎月カレーライスと果物がでます。最初はカレーをよけて白御飯しか食べていませんでしたが、10月にカレーのかかった部分を少し食べ、11月には牛肉一切れと人参を残しただけで、ほとんど全部食べることができました。また、10月には、カレーを食べながら「アップ、アップ、アップ」という発語が観察されました。

弁当開始約1カ月後の6月から、チキンナゲット、ぶどう、卵焼きなど、これまでどうしても食べることができなかったものを食べられるようになってきました。そして、驚くべきことに、偏食の改善がまず幼稚園で現れ、その2～13日後に家庭においても同じ食品に対する偏食改善が認められるようになったというのです。

このような海男の偏食改善を経験し、私には以下のような大きな疑問が生じました。

《何が海男に偏食改善をもたらしたのか？》

《保母の積極的な指導だろうか?》
《それとも、子どもたちの力だろうか?》

雪雄と結花の偏食改善

このような海男の偏食改善を経験し、私はさらにもう少し詳しくこの現象について調査してみることにしました。そうすると、同じような偏食改善が、雪雄と結花にも観察されたのです。

雪雄は当時4歳で、知的障害を伴う自閉症と診断された男の子。結花は6歳の女の子で、医学的診断は発育・発達遅滞。雪雄は、専門の歯科医から舌を動かす訓練を受けましたがほとんど効果なし。結花は、2歳6カ月頃より地域の療育センターで食事訓練と運動療法を週2回の頻度で行ない、4歳で普通幼児園に入園するまで続けました。その結果、歩行は可能となりましたが、食事訓練の効果はほとんど認められませんでした。観察した当時、雪雄は保育園、結花は普通小学校1年生でした。

母親の話によれば、雪雄は「以前は丸のみ」であり「よくのどが詰まる」という状態でした。母親は、丸のみしてものどに詰まらないくらいの大きさに食べ物を切って与えていました。ジュース等は上手に飲めます。しかし、幼稚園に入園したことを契機に、著しい偏食の改善が認められました。

結花は、幼稚園に入るまではミロを入れた牛乳と卵と納豆をまぜた御飯、他は、ジュース等と、数えるほどしか口にしませんでした。また、そのような限られた食べ物も、いつも同じものを親がスプーンで口まで運んで、やっと食べていた状態です。それが幼稚園を経て小学校に入ったことを契機に、雪雄同様、著しい偏食改善が認められたというのです。

私は、雪雄と結花の母親に対し、次のような質問をしてみました。

幼稚園や小学校に入る前、偏食改善のために母親としてどのような努力をしましたか？　また、どのような専門的訓練を受けましたか？　その結果、どのような効果がありましたか？　また、その理由についてどう考えますか？

雪雄の母親は、次のように答えてくれました。

・パイナップルの芯、スルメ、犬のガム……等、ずい分練習しました。
・目の前で舌を上下・左右に動かして見せて真似させる練習をしました。

・食事のたび「ガミガミ」と言って目の前でかんで見せました。

このように母親は当初、雪雄に対し嚙む練習を熱心に行なっていました。食事訓練を専門としている歯科医へもかよって訓練を受けたそうです。たとえば、はり金の中央にソロバン玉のようなものがついていて、これを口の中に入れ、舌でその玉を回す訓練をしてもらっていました。その結果、目の前で舌を上下・左右に動かして見せて真似させる練習は少し効果があったようですが、他はダメだったと母親は言います。

また、効果のなかった理由については、「親がいくら目の前でして見せても、甘えが強く、わがままになり、自主的にやろうとしないのが問題のような気がします」と判断しています。

一方、結花の母親も、牛乳は容器を変えてみたり、子どもの前でおいしそうに飲んだりと工夫してみましたが、結果は「一口飲むと前に食べた御飯まで吐いてしまうので、もうこの子はぜったい飲めないのだと思っていました」ということでした。

この他にも、「食べ物は一口をむりやり口に入れて子どもに味をたしかめさせる」「御飯の中にいろいろなものをまぜてしまう等」の工夫をしていたといいます。

しかしながら、結果的には、以下のとおりです。

・御飯の中にいろいろとまぜてしまうと、見ただけでぜったいに食べません。

・口をしっかりと閉じて開けようとしませんでした。白御飯の中に見えないように別の野菜等を隠して口まで運ぶと、口には入れるが、わかったときに、全部、吐き出してしまいました。ふりかけもダメでした。

また、結花は2歳6カ月頃よりK療育センターで食事訓練を週2回の頻度で行ない、4歳で普通幼児園に入園するまで続けています。具体的には「噛む練習」「水などを飲む練習」それに、口の開け方、息の調整などの基礎的訓練を行なっていました。しかし結花の食事面に関する変化はほとんどなかったと母親は言います。

雪雄の偏食改善の様子

さらに続けて、次のような質問をしてみました。

幼稚園や小学校に入ってから、どのような変化が見られましたか？　その過程は？　その期間は？　何か兆候はありましたか？

雪雄は、3歳5カ月から幼稚園に入園、4歳5カ月に別の保育園に転園しています。転園の理由は、保育園は幼稚園に比べて、子どもの自主性が尊重されており、設定保育よりは運動中心の自由保育の占める割合が多いからということでした。また幼稚園が弁当であったのに対し、保育園は給食です。

幼稚園では教師が雪雄に対し一所懸命に食事の指導をしていましたが、その雰囲気はどちらかといえばきちんと座って食べるといった「しつけ」的なものであり、雪雄にとっては必ずしも適切とはいえなかったと母親は判断しています。雪雄の食事面に変化が現れたのは、むしろ保育園に移ってからと母親は言います。

・以前の幼稚園ではお弁当だったのが、新しい保育園では野菜中心の給食になり、皆が同じものを食べる……大人の親指大に切ったゴボウやレンコンを、以前では考えられないほど、大きく固いのを食べます。午前中、しっかり運動して、お腹ぺコぺコで与えられ、はじめは手づかみで挑戦したようですが、入園1カ月で、しっかりかんで……ボロボロとこぼしますが、スプーンもずい分上手に使えるようになりました。

この頃の様子を、育児日記から取り出してみましょう。

- **4月28日**：チャーハンを全部自分ですくって食べました。やったネ!!
- **5月19日**：園の給食、何でも食べるそうですネ。大きな天プラ。切らなきゃダメかな？って先生思ったのも手で持ってガブリ……お友達のを見て、何でもできるようになったネ。大きなものも少しずつかめるようになって来ましたネ。うれしいネ！
- **6月13日**：保育参観に行きました。大きなゴボウ　しっかりかんで食べていましたネ。一緒に給食食べて驚きました！　おかわりして、すごい食欲!!　ママうれしいことばかり！

具体的な様子について、保母は以下のように話してくれました。

それまで雪雄君は、みかんのようなすっぱいものはまったく口にしませんでした。私が何度指導しようとしても、まったく口にしようとしませんでした。しかし給食にみかんが出て、まわりの子どもが「雪雄君、はい！」とひとふさ差し出すと、雪雄君はまったく自然に何の抵抗もなく口に入れて食べてしまいました。私はその様子を見ていて、とても大きなショックを受けました。私が今までしていた指導は、いったい何だったのでしょうか。

結花の偏食改善の様子

結花は、２年間の普通幼稚園を経て小学校に入学しました。結花の場合改善の契機は、普通幼稚園に入った時期と普通小学校に入学し給食を経験した時期の２つに分かれます。しかし母親は、偏食改善の契機はどちらの時期も、訓練的な大人からの働きかけというよりは子どもたちの中にあると判断しています。

おべんとうを持って幼稚園に行くようになって、のり巻きやおにぎりを食べるようになり、同じクラスの子どもが自分と同じカップゼリーをおべんとうに入れて来ていたのがきっかけで、カップゼリーを喜んで食べるようになりました。他の子どもと同じものというのがうれしかったようです。誕生会でカレーを食べられるようになり、プリンや果物にも手を出すようになりました。

幼稚園に入園して約半年間が、最も変化のあった時期でした。この時期の様子を、母親の記録（母親が幼稚園の先生との連絡帳から育児日記に書き取ったもの）から見てみましょう。

- **4月**：入園
- **5月28日**：幼稚園の誕生会でカレーを三口食べる。デザートのバナナは今まではぜったいに食べなかったのに、最初はなめていたようですが、3cmほど食べたとのこと（先生より）
- **5月31日**：おべんとうのじゃがいもを先生からすすめられて食べました。最近は遊ばずに自分でよく食べるようになり、他の子どもたちからも、結花ちゃんが一人で食べられるようになったね、と声をかけられるほどです。おべんとうを全部食べると子どもたちが喜こびます（先生より）

・6月1日：今日はうちでもバナナをあげてみましたが、ぜんぜん食べませんでした（母親から）

・6月4日：子どもたちが最近、いちごを持って来た人、とか言ってこれに応じて持って来た子どもが、ハーイ、と手を上げるのが流行しています。このとき、教師が手伝ってこの遊びに参加させます。時々、納豆御飯もってきた人、と言ってくれる子どももいます。そんなときは、結花ちゃんだけ、ハーイ、と手を上げます。弁当の中身が同じということで、友達関係を深めているようです（先生から）

・6月12日：今日は弁当の中身がおにぎり弁当ということで、全員びっくり、皆がのぞきこみました。はしを使う結花ちゃんを見て、ぼくたちと同じだ、と大喜び、結花ちゃんもいつもと違う子どもたちの反応に気づいて終始うきうき、ソワソワ、はしと手でおにぎりは2個とも食べました。デザートのメロンはパクパク食べましたよ（先生から）

・6月18日：結花ちゃんが自分で最初に食べたのはメロンでした。……中略（筆者）……おもしろかったのはゼリーでした。となりのみさ子ちゃんがゼリーの容器のふたがあかないと持って来ました。それを見ていた結花ちゃん、みさ子ちゃんがおいしそうに食べるのを見て、結花ちゃんもいっしょに食べました。結花ちゃんのおたのしみはゼリーやね、とそばで見ていたあいちゃんも大喜び。最初メロンを食べ終えたとき、教師がすすめてもダメだったのですよ。全部食べたことは、昨日のすみれ組のトップニュースでした（先生から）

第2の契機は、普通小学校に入学し給食を経験するようになった時期です。この時点でも、結花はまだ食べられないものが多く残っていました。

学校に行くようになり、おべんとうを持たせようか？　とも思ったのですが、ちょっと様子を見てからと思っていたら、給食のみんなと同じものと言うのがよかったのか、今まで手をつけたことのないもの、パン、牛乳、酢の物、野菜の煮物、ふりかけ、等を食べるようになってきました。量は少しですが、御飯のときは、他の子どもよりよく食べているとのことです。

このような変化は「給食が始まってすぐから」起こったといいます。

一緒に食べたいという気持ち

どれほど子どもに対する大人からの働きかけが巧妙であったとしても、実際には指導に失敗する場合があります。一方、なんら意図的な働きかけが存在しないような場合でも、比較的スムーズに目標が達成される場合があります。また、一見複雑に思われる課題であっても、予想外に容易に解決する場合が現実には存在します。まず、このような事実を認識する必要があります。

この章では、母親が努力をしても、また専門機関で訓練を受けても有効な改善のなかった食事に関する問題が、子どもたちの中に入ったことを契機として、さらには給食を契機として、比較的スムーズに改善に向かったという事例を紹介しました。

母親は、自分の努力や専門機関での訓練があまり有効ではなかった理由として、「子どもの気持ちを無視した働きかけ」を考えています。つまり、親は食べさせたい一心で子どもの気持ちを無視していたと判断しています。

また、子どもたちの中に入ることがその解決の契機となったことについては、「皆が同じものを食べる」「お友達のを見て何でもできるようになった」「集団に入るとみんながおいしそうに食べているのがとても良い刺激になる」といったことをあげています。つまり雪雄や結花は、母親や専門家から働きかけられたとき、「食べてみよう」とも思わなかったし、「お母さん（先生）の指示に従おう」とも思わず、むしろ「食べたくない」「うるさい」「いやだ」といった拒否的な気持ちが生じたのでしょう。

一方、子どもたちの中では、「皆と同じ」というのがとてもうれしく、「一緒に食べたい」「同じように食べたい」「食べてみようか」という積極的な気持ちが生じたと思われます。これが、大人からの一方的な働きかけの効果が少なく、子どもたちの中での効果があったひとつの理由だと判断してもよさそうです。

ここで注意しなければならないことは、このような考察から「われわれ大人は、子どもの気持ちを読みとる技術、そしてその気持ちを考慮した働きかけの技術を身につけなければならない」と安易に結論づけないということです。なぜなら、雪雄や結花は子どもたちの中で生活することにより食事問題解決の契機を得ましたが、当の子どもたちが、雪雄や結花に対しいちいち気持ちを読みとることなどしていないことは明らかです。そして、もちろん彼らは雪雄や結花に対する食事指導をしようなどとは思わなかったでしょうし、ましてその技術など持ちあわせていないのは明らかです。それにもかかわらず、雪雄や結花は彼らの中で生活することによって、食事問題解決の契機を得たのです。つまり重要なのは、ふたりを取り囲む状況には「何の指導的意図もなかった」ということです。その場にあったのは、子ども集団という「共同体」の各々のメンバーが持つ「(自分が)楽しい」という気持ちだけです。

この事実は、子どもたちの学習や発達には、「指導」というような「意図的な働きかけ」が必要不可欠ではないということを示しています。そしてそこには、「指導」という意図的行為の枠を越えた、何かもっと大切なものが作用しているということを示唆しています。その重要なものとは、まさに雪雄や結花自身の、子ども集団という共同体に属することが「楽しい」という気持ちです。子ども集団に指導という意図がまったくなかったとしても、ふたりに「共同体に属することが楽しい・心地よい」という気持ちがあれば、そこに「学習」は成立するのです。この章では、このことを強調しておきましょう。

3

わが子を「かわいい」と感じない

前章では、子どもたちの中で偏食が改善したという例について紹介しました。

この場合、子どもたちに「障害児を指導しよう」などという意図はもちろんありませんでした。子どもたちはただ「(自分が)楽しい」ということを最優先にして楽しんでいるだけです。しかし、この「(自分が)楽しい」ということが重要なのです。子どもの「学び」は、このように各々が「楽しい」と思って参加している共同体に参加しているからこそ生じるものなのです。

同じようなことが、母子関係についても考えられます。母親が子どもを「かわいい」と思う気持ちです。母親が子どもを「かわいい」と思うとき、それは同時に、その母親自身も子どもを「かわいい」と思う自分を「自ら楽しんでいるのだ」と考えることは自然です。「自ら楽しんでいる」からこそ子どもとのコミュニケーションが成立し、良い母子関係が成り立っているのだと考えられます。このような良い母子関係の成立という「状況」があって初めて、子ども自身の「学び」が開始されるのです。

ところが、障害児をわが子に持つ母親の中には、自分の子どもをどうしても「かわいい」とは思えないという場合があります。

ここでは、このような例について紹介したいと思います。

子どもを「かわいい」と思う母親の気持ち

何人かのお母さんと雑談しているとき、桜子ママが言いました。

桜子ママは、桜子の幼稚園入園以前、わが子を普通児に近づけようと訓練施設に通い、母親自らも子どもに対し一所懸命に訓練を行なってきました。しかし、その時期には自分の子どもに対して一度も「かわいい」と思ったことがなかった、と言うのです。さらに、「私もまったく同じでした」と遊太ママ。

この発言を聞いて、私は愕然としました。

自分の腹を痛めて生んだ子どもに対し、たとえ障害があるとはいえ、「かわいい」と思わないことがあるのだろうか？

そして、母親の中に「かわいい」という気持ちがないままに、望ましい育児が可能なのだろうか？

この状態は桜子が幼稚園に入園するまで続きましたが、入園を契機に母親の心に桜子を「かわいい」と思う気持ちが芽生えてきたといいます。

このことは、いったい何を意味するのでしょうか？
そしてわれわれはこのエピソードから、何を学ばなければならないのでしょうか？
（注：桜子、遊太ともに知的障害との診断です。出産時のトラブルが原因です。）

現在の障害児保育や障害児教育で、「かわいい」という気持ちが取りたてて問題にされるということは、ほとんどありません。母親だったらわが子を「かわいい」と思うのはあたりまえで、話題にするのはナンセンスと考えられているのかもしれません。あるいは、母親がわが子に対して「かわいい」と思おうが思わなかろうが、そんなことは障害児の発達に影響はなく、障害児が発達するか否かは、いかに良い訓練を行なうかにかかっていると考えるのが常識なのかもしれません。
障害児教育の専門家は次のように言います。

もちろん、母親が子どもを「かわいい」と思うことは重要なことです。しかし、それはしっかり「訓練」して、その他の時間に思えばいいことです。「訓練」は「訓練」、「かわいい」と思う時間とは別なのです。

また、ほかの障害児教育の専門家は言います。

わが子のことを「かわいい」と思うから、きびしい「訓練」にも耐えられるのです。もし「かわいい」と思わなかったら、つらい「訓練」などしないでしょう。

「かわいいという気持ち」と「訓練しようという気持ち」との関係。これは、深く考えてみると、とてもおもしろいことです。「かわいいという気持ち」と「訓練しようという気持ち」とはまったく別ものであるという考え方、「かわいいという気持ち」があるから「訓練しようという気持ち」が起こるのであるという考え方、はたしてそうなのでしょうか？

確かに、論理的にはそのような可能性が考えられるし、賢い母親の中には現実にそのような母親がいるかもしれません。しかし、私には「人間ってそんなにうまく割り切れるものではない」という気持ちが強いのです。「訓練をしようという気持ち」になればどうしても「わが子の障害」が気になるし、「わが子の障害」が気になればどうしても「障害を治そうという気持ち」になるし、障害児は一般に母親が望むほど簡単には良くならないから、どうしてもまた「障害」が気になり「あせる気持ち」が生じるし、そうなれば気持ちに余裕がなくなり「かわいい」と思うこともなくなる。ちょっと「風が吹けば桶屋がもうかる」式になってしまいますが、私は母親と話していて切実にそう思わざるを得ません。

人間の気持ちというものは、そのようなものではないでしょうか？

桜子と遊太の母親の気持ち

桜子の場合も遊太の場合も生後すぐに障害が発見され、母親は自分の子どもを障害児と知ったうえで育ててきました。そして、驚くべきことに、桜子の母親も遊太の母親も、彼らが幼稚園に入園するまで、彼らのことを「かわいい」と感じたことが一度もなかったと言います。「なんとかして普通の子どもと同じように育ってほしい」ということばかり考え、病院や訓練施設がよいに努力してきたと言います。

桜子と遊太の母親は当時を振り返って、次のように話します。

以前は、食べない、飲まない、ふとらない、このことばかり気になって、かわいいとか思って見つめている時間がありませんでした。毎日がイライラとシクシクのくりかえしでしたから。（桜子ママ）

この子の障害を知ってからは毎日が地獄のようで、この子さえいなければと思わない日はありませんでした。（遊太ママ）

桜子と遊太の母親の頭の中に「自分の子ども＝障害児」という図式ができあがり、目の前にいる子どもを「わが子」として見るよりはその「障害」だけで頭の中が一杯になり、その障害を治すための治療や訓練を中核として子どもを育ててきたようです。

しかしながら、それは子どもの幼稚園入園を契機に、大きな変化を見せました。幼稚園入園は母親に時間的余裕をもたらし、時間的余裕が母親に「心のゆとり」をもたらしたのです。

幼稚園入園、その年から母子関係が変わり始めました。24時間べったりの生活から、始めて母子分離を経験し、自分自身のための時間を持ち楽しむことができるようになり、心に余裕ができました。……中略……夕方、数時間ぶりに迎えに行き、会えた喜び……自然に、かわいさ、いとおしさがわいてきて、抱きしめたくなったり、同時に、自分の中の母親を初めて感じるようになりました。（遊太ママ）

入園してからは時間に余裕が出て、少しずつですが自分の時間が持てるようになり、暗い暗い今までの気分が少しずつ明るくなって来ました。幼稚園での催しにもできるだけ参加して、桜子のために何かがんばろうという気持ちになってきました。……中略……子どもの入園は、母子ともに有意義なことでした。それまでは、幼稚園への入園は子どもにとってだけ良いことだとばかり思っていました。（桜子ママ）

桜子の母親にとって桜子の幼稚園入園は、「桜子にとって良いこと」と同じくらい「母親にとっても良いこと」でした。心のゆとりが母親に生まれることによって始めて、桜子の母親は自分の子どもの障害を本当の意味で受容できたと言います。そして「障害」を認めたことによって初めて、自分の子どもを「かわいい」と感じるようになりました。この時点で初めて、母親は今までの子どもの「障害」ではなく、障害を持った「わが子」が見えるようになったのです。

この時期にやっと障害を認められるようになったと思います。……中略……余裕ができると、子どもを少し離して遠くから他の子どもたちと比較して見ることができるし、できないことに対してもいつかできるようになれば良いと、やさしい気持ちが出てきます。入園まではあんなに気にしていた身長、体重等もあまり気にならなくなり、１００gでも１㎝でも増えたら喜べるようになりました。できないことを気にするよりできることを見つけて喜べるようになりました。（桜子ママ）

母親が自分の子どもに対して「かわいい」と感じることにより、その母子関係にも大きな変化が現れてきました。

少ない時間を母子して楽しむようになり、密度の濃いかかわりを持つようになりました。子どもと共に過ごす喜び、保育者ではなく、母親として幸せを感じながら接するようにな

りました。こういう私の気持ちを反映してか、彼自身、落ちついて、人生を楽しんでいるように感じられます。（遊太ママ）

毎朝、バスで通園するとき、桜子が私と離れたくないと泣くようになり、……中略……帰ってきて私を見るととても喜ぶようになりました。桜子が園に行っているあいだ、私も、少しでも好きなこと（ショッピング等）ができますので、私も桜子を喜んで迎えられるようになりました。少しでも子どもと一緒ではない時間があると、帰って来たとき、うれしいですね。抱きしめたくなります。以前は、子どものしぐさに、やっぱりおかしいんじゃないか？とか、いやそうでもない？等、検査しているような眼でばかり見ていました。（桜子の母親）」

遊太の母親、桜子の母親は、当時を振り返って次のように話します。

心のゆとりのないかかわりは、ただの保育者にすぎなかったように思います。心おだやかに育ってもらうために、心底愛情を持ってやさしく語りかけながらかかわっていくことが、

なにより唯一の母親の仕事だと気づきました。(遊太の母親)

余裕がないときは、人から聞いた話等、自分でよく理解せずに子どもに無理をさせたり、とにかく何かやっていないと安心できない等の理由から、余裕のない時間をもっと忙しくしていたように思います。余裕を持って見ると、今子どもがどのようなことができる状態なのかわかるようになり、無理をさせずに子どもの様子を見ながら少しずつできることを増やしていけるようになります。子どももいやがらずに楽しく親を見ることができ、甘えることができるようになってくると思います。今では、桜子がかわいくて、かわいくて!!

(桜子ママ)

母子関係と子ども自身の「学び」

わが子の障害を生後まもない時期に知ってしまった桜子や遊太の母親には、自分が腹を痛めて生んだ子どもであるにもかかわらず、わが子に対する「かわいい」という気持ちが生まれませんでした。母親は自分の子どもを「わが子」として見るのではなく「障害児」

としてのみ考えるようになり、したがってその障害を治すための治療や訓練を中心として子どもを育ててきました。この事実は、現在の障害児教育に対し、ひとつの重大な警告を発しています。特に、現在その常識ともなりつつある「早期教育」に対する警告です。

近年の医学の進歩により早期発見・早期治療が可能となり、それに従って教育的訓練も幼い時期から開始されることが普通となってきました。しかしながら、このような風潮はややもすれば、母親はわが子に対しそのかかわりの中心を「障害の改善」にのみ置くようになる危険性をはらんでいます（Elkind, 1987）。そして結果的に、わが子に対し、「かわいい」とすら思わないような心理的状況に陥ってしまうのです。このような心理的状況においては、決して子どもに対し効果的な育児・教育はできないのではないでしょうか。

以上のことは、自閉症児・晋平（第6章で登場）の母親のことばに象徴されています。母親は晋平が2歳を過ぎる頃まで、その障害に気づきませんでした。つまり、それまでは普通の子どもと考えて育てており、晋平に対して「かわいい」という気持ちも普通に芽生えていたと言います。

私にとって、そして晋平にとって幸運だったのは、私が障害に対して無知だったということです。2歳を過ぎる頃まで、私は晋平を障害児だとは夢にも思っていませんでした。ただコミュニケーションをとるのがへたな子どもだと考えていましたので、なんとか晋平とコミュニケーションをとろうということにだけ一所懸命でした。もし始めから晋平が障害児だとわかっていたら、専門書を読みあさり、何ができないということばかり気にしていたと思います。また訓練のことばかり気になってしまい、晋平とコミュニケーションをとることなど考える余裕もなかったと思います。(晋平ママ)

子どもに対して基本的生活習慣を身につけさせようとしたり、多くの基本的な知識を獲得させようとしたり、ことばや数などを獲得させようとしたり、つまり「良き指導者」としての母親を演じてきた遊太や桜子の母親は、わが子のことを「かわいい」とすら思えない状態に陥っていました。このような母子関係において、子どもの「学び」が生じるとは思えません。

この一見「当然のこと」とも思えるような観点が、従来は忘れ去られてきました。従来コミュニケーションは、個々の分離した存在、たとえばひとりの母親とひとりの子どもとの相互作用関係と考えられてきました。そして、母親や教師など大人側からの働きかけが重視されてきました。そこでの関心事は、「子どもに対し、どのような働きかけを行なうか」「その働きかけは、どのような理論にもとづいているか」そして「その働きかけの技術的習熟度はどれほどであるか」です。したがって、母親が子どもに接するときにも、子どもに対して基本的生活習慣を身につけさせたり、多くの基本的な知識を獲得させたり、ことばや数などを獲得させるという「良き指導者」としての母親の役割が強調されてきました。

しかしながら、子どもの「学び」を考えてゆこうとしたとき、母親側の「状況」、つまり考え方や心的状態、そして微妙な態度などが重要になってきます。たとえば、桜子や遊太の母親がなんとかして子どもの障害を克服しようと努力していた時期には、子ども自らの「学び」が生じるような状況にはなかったことが考えられます。

桜子の場合も遊太の場合も、幼稚園入園を契機に母子関係に大きな変化が現れてきました。母親にとって、子どもが幼稚園に行くということは、これまで24時間一緒だった子どもから一定の時間解放されるということを意味します。母親はたとえ少ない時間でも自分の時間を持つことが可能となり、桜子の母親も遊太の母親も「心のゆとり」が生じたと言います。このように「心のゆとり」を持つことができて初めて、母親は自分の子どもを

「わが子」として「かわいい」と感じるようになったのです。このことについては「自然に、かわいさ、いとおしさがわいてきて、抱きしめたくなったり、同時に、自分の中に母親を初めて感じるようになりました」などの発話に認められます。このような母親の変化は子どもにも当然ながら影響し、それに伴って子ども側にも変化が生じています。

「反映してか、彼自身落ちついてきて、人生を楽しんでいるように感じられます。」

「毎朝、バスで通園するとき、桜子が私と離れたくないと泣くようになり、……中略……帰ってきて私を見るととても喜ぶようになりました。」

この段階に至って初めて、母親は子どもとの一体感を感じるようになり、本当の意味でのコミュニケーションが成立しました。つまり、子ども自らが「学ぶ」ことのできる「状況」としての母子関係が成立したと考えられるのです。

文献

1　Elkind, D. *MISEDUCATION Preschoolers at Risk.* Alfred A. Knopf, Inc., 1987.（幾島幸子訳『ミスエデュケーション』大日本図書、1991。）

4 子どもはどのように学んでいるか

いったい、子どもたちは現実の生活の現場において、どのようにさまざまな事柄を学んでいるのでしょうか？

幼稚園や保育園で子どもたちを長期にわたって観察していると、子どもの発達が「突然できた」「いつの間にかできた」というような現れ方をするということをしばしば経験します。また、特定の能力というのではなく、「全体的に伸びた」という印象を持つことも珍しいことではありません。これらの発達の諸相は、教師からの「指導」による発達が一般に段階をふんで現れたり、実際に働きかけたある特定の能力のみに集中して現れるのとは対照的です。

障害児保育、あるいは障害児教育の研究領域では、これまで主に後者の発達に対しての検討が行なわれてきました。前者の発達、つまり現場で見られる「突然できた」「いつの間にかできた」「全体的に伸びた」というような子どもたちの発達の様相については、ほとんど検討の対象にはなってきませんでした。なぜかと言えば、やはり研究というからには、「このような指導を行なったところ、このような結果（理想的には数値）が出た」というように明確に表現できることが必要だからです。この場合、その因果関係（こうしたから、こうなった）は比較的はっきりしているし、またその「原因＝指導」は自由にコントロール可能であるという点で、都合がよいわけです。

ところが、この本のはじめのところで少し紹介したように、最近、現場で実際に起こっている現象、つまり「突然できた」「いつの間にかできた」「全体的に伸びた」というような子どもたちの発達について着目し検討しようとする意見が多く出されるようになってきました。それにともなって、子ども集団の中で生活している障害を持った子どもたちの発達についての検討も、徐々にではありますが始まっています。

以下に、現在まで明らかになっている研究成果について、簡単に紹介します。

子どもの独特な世界

児童学者の本田和子氏は、子どもには子どもの「世界」があると言います。そして、大人はこれをまったく無視していると言います。子どもたちが示す「とりとめがなく、不定形な動き、あるいは曖昧なもの、分類し難たいもの」「私どもの目からは、『非連続』『断片的』とみなされる彼らのありよう」「非連続に見えて、その実、切れ目もなく連続する不思議なまとまり」「『ばらばらな断片』としか見えない彼らの言動の、特有な輝き」「彼らが生きているのは、『ばらばら』に見える世界ではあるが、必ずしも、『きれぎれ』に切断された世界ではない」「なにしろ、『べとべと』的存在たる彼らにとって、切断などあり得ないのだから、『ばらばら』な断片に見える子どもたちの世界は、切断の結果ではない」「それは科学技術にも合理主義にも奉仕することなく、原初的で自然の相をのびやかに生きる存在」……これらは、まさに子どもの独特の「世界」でしょう。どうも、大人と子どもの「世界」は違うようです。

子ども同士は、基本的に「世界」が同じです。そして、この「世界」が同じということこそが、子ども自身の「学び」を生じさせているのかもしれません。ところが、大人の中には、子ども独特の「世界」があることを理解せずに、彼らを大人の「世界」の枠組みで理解し教育しようとしている人がいます。そのような状況では、子どもの学びは起こりません。確かになんらかの知識や技能を獲得したように見える場合もありますが、きっとそれは本当の意味で身についているとは言えないのかもしれません。

また、前章で見たように、子どもと母親の間に「良い関係」が成立しているとき、子どもの発達が促されるということもまた事実です。大切なのは大人か子どもかではなく、障害を持った子どもとどのような関係性が成立しているかということなのでしょう。このような関係性を、とりあえずここでは「学びが生まれる関係」と呼ぶことにしましょう。

「学びが生まれる関係」を考えるとき重要なのは、この関係では「障害児の発達を促そうとする指導的意図」を持っていないということです。障害児の発達を積極的に意図しないからこそ成立するような関係が、「学びが生まれる関係」であると考えられます。障害児の発達を積極的に意図した関係、つまり「訓練的な関係」においては、特定の能力がスモール・ステップで発達することが期待されています。それに対し、「学びが生まれる関係」において生じるのは、「いつのまにか伸びた」「全体的に伸びた」というような発達です。また、「訓練的な関係」においては、十分に計画されコントロールされた刺激を与えられることによって発達が生じるため、それを客観的・分析的に追求することが可能です。それに対し、「学びが生まれる関係」における発達はひとつに特定できないような多種多様な刺激によって生じるため、客観的・分析的に追求することは一般には大変困難です。さらには、客観的には明らかにできないような性質の刺激の存在も否定できず、そもそも「刺激 - 反応」という枠組みだけで「発達」というものを理解できるのか、という根本的な問題さえも生じてくることになります。

ちょっと議論がややこしくなってきましたが、重要なことは、これまではほとんど検討の対象になってこなかった「学びが生まれる関係」が、最近になってようやく子どもの発達の重要な側面として着目されるようになってきた、ということです。

太郎の太鼓踊りについて

この本の最初に紹介した「太郎の太鼓踊り」の話を、思い出してみてください。これまでの検討から明らかになってきた考え方をあてはめるとしたならば、どのような理解ができるのでしょうか？

もし、太郎がすでにある一定の発達レベルに到達しており、「一対一の指導」に対しても「大勢の子どもたちの中」に対しても、同じ「世界」と捉えることが可能だったとしたならば、「一対一の指導」の方がきめ細かな指導を受けられるという意味で、効果的かもしれません。つまり、もし太郎が、自分は運動会において太鼓踊りを踊るので一所懸命練習して上手に踊れるようにならなければならない、上手に踊れるようになりたいという気持ちを持ち、「一対一の指導」も「大勢での指導」もそのための場であると「意味」づけることが可能だったならば、「一対一の指導」の方が効果的なのかもしれないと考えます。

しかし、今現在の太郎は、そのレベルからほど遠いと言わざるをえません。太郎が「運動会で太鼓踊りを上手に踊りたい、そのために一所懸命練習したい」と考えているとは思えないからです。太郎にとっては、「一対一の指導」と「大勢での指導」とでは、まったく違った「意味」を持つ、まったく違った「世界」であると考えられます。つまり、毎日の「生活」という文脈に沿って考えてみれば、「大勢の子どもたちの中」の「わいわい、がやがや、友達が一杯という世界」は自由時間と類似しており、その中での踊りの練習は、「皆と一緒に楽しく遊べる場」というような「意味」を持つことになるでしょう。一方、保母さんと太郎の「一対一の指導」場面は、太郎にとっては、「とても緊張するお勉強の場」といった「意味」を持つのではないでしょうか。もちろん「一対一の指導」場面でも、保母さんは「楽しい」雰囲気を作ることに気をくばるでしょう。しかし、どのようにがんばってみても、そこには、大人と子ども、ひとりと大勢という状況の違いが歴然として存在するわけです。

このように考えると、「一対一の指導」と「大勢での指導」とでは、表面的にはどちらも「太鼓踊りの練習をしている」と見えたとしても、太郎にとっては、まったく異なった「世界」であり、まったく異なった「意味」を持つ活動をしているということになります。

そして、太郎の「学び」は、「大勢の子どもの中」という「世界」でより強く出現するのではないでしょうか。もちろん、それは、「皆と一緒に楽しく遊びたい」という気持ちに裏打ちされた「学び」であり、「太鼓踊りが上手になりたい」というものとはまったく異なった「学び」です。しかし、それがたとえ「皆と一緒に楽しく遊びたい」というものであったとしても、皆と一緒に楽しく遊んでいるうちに、結果的に、太鼓踊りが上手に踊れるようになっているということもありえます。目標とする行動を形成するために積極的な「訓練」を志向してきたこれまでの障害児教育にとって、このようなプロセスで成立する行動獲得に着目することは、今後ますます重要になってくるでしょう。

なお、「太郎の太鼓踊り」の話については、最後の章でもう一度、検討してみます。

日本伝統芸道における「わざ」の習得過程

「障害を持った子どもが子どもたちの中でどのように学んでいるのか」ということを追求しようとする試みの中で浮かび上がってきたのは、「そもそもわれわれは、さまざまな現場でどのように学んでいるのか」という問題でした。次のようなことわざを、われわれはよく耳にします。

門前の小僧、習わぬ経をよむ。

お寺の門の前で毎日真っ黒になって遊んでいる子どもが、ある日突然、お経を唱え出しました。子どもは、お坊さんから正式に「お経の読み方」を習ったわけではありません。そして、子ども自身も「お経を学ぼう」と思ったわけではありません。遊びながら無意識に毎日毎日お経が耳に入っていただけなのですが、いつのまにか覚えてしまったというわけです。

昔からあるこんな「ことわざ」が、改めて考えてみれば、「学習」という人間の活動の一面を表していることに気づきます。そしてこれは、現在の「学校教育」ではすっかり忘れ去られた「学習」の一面でもあります。

ところが、1980年代から「そもそもわれわれは、さまざまな現場でどのように学んでいるのか」という問題が、特に「認知科学」という学問領域で急速に着目されるようになってきました。「認知科学」ではそれまで、「われわれはどのように学んでいるのか」を実験室の中での厳密な実験によって明らかにしてきました。しかし、1980年代、実験室の中の研究成果が必ずしも現実の場面で実際に起こっていることと一致しないということが大きな問題となり、それにともなって「現場」が重要な研究対象となってきたのです。

そのような研究のひとつに、日本の伝統芸道伝授過程の研究があります。お茶やお花、三味線やお琴など、日本の伝統芸道の「わざ」が、どのようにして学習者に伝授されているのかということを明らかにした研究です。このテーマについては東北大学の生田久美子氏が第一人者ですので、以下に彼女の研究からその諸相を見ていきたいと思います。

まず、それは現在の学校教育における「教え方」や「学び方」とはかなり異っているということに驚かされると同時に、これまで忘れかけていた人間の「学び」のひとつのスタイルを思い出させてくれます。そこでは『形』の『模倣』から出発するのです。たとえば、日本舞踊の世界では、入門者は、お辞儀の仕方や舞台で最低守らなければならない作法を師匠から指示されると、いきなり作品の教授（習得）が開始されます。入門したての学習者は日本舞踊のイロハもわからないままに、邦楽のテープに合わせた師匠の動作の後について それを模倣させせられるのです。

このような学習の方法は、ピアノなど西欧芸術に慣れ親しんだ者にとってはまったく驚きであるにちがいありません。たとえばピアノの場合には、まず右手の動き、左手の動き、そして両手の動きを、つまりピアノのイロハを、入門者がすでに持っている知識に照らして、順を追って教授を進めていきます。

西欧芸術の場合、ひとつの「わざ」の体系はいくつかの技術の要素に分解され、それぞれを単元としたカリキュラムが組まれ、学習のやさしいものから難しいものへという順に配列されていきます。学習者は、ピアノならば教則曲、ハノン、バレエなら「パ（pas）」の練習に多くの時間をかけて、基礎がしっかり身についてから作品に入っていくのが常道とされています。

それに対して、日本古来の「わざ」の教授はいきなりひとつの作品の模倣から始められ、しかも段階を追って順に学習を進めていく方式はとられていません。やさしいことから難しいことへと段階を追って進むのではなく、むしろ難しい課題を入門者に経験させたりします。あるいは、あえて段階を設定せず、学習者自らにその段階や目標を作り出すように促したりすることに教育的意義を認めて、それを実践しているというのです。つまり、日本伝統芸道における学習は、非段階的に進むという特徴を持ちます。

したがって、そこで行なわれる「評価」も、西洋芸術のそれとは異なっています。模倣、繰り返しを経て、ひとつの作品が師匠から一応「上がった」と言われると、学習者は次の作品の練習に入っていきます。しかしこの場合、次の段階に「進む」という明瞭な観念は、師匠にも学習者にもありません。ただひとつの作品の模倣が終わったのであって、また別の作品の模倣に入っていくにすぎないのです。

たとえば、義太夫の師匠であった故竹本津太夫は、稽古の最中に「ダメだ」「そうじゃない」といった叱責を与えたのみで、どこがどういう理由でダメなのか教授することはほとんどなかったと言われます。またよいときにもただ「そうだ、それでいいのだ」と言うだけで、学習者本人はなぜよいと言われたのかもわからないことが往々にしてあったといいます。したがって、一度はよいとされた動作をもう一度繰り返していると思っていても、師匠からは「ダメだ」と言われることもあるのです。

「……ウンもいかん、スウもいかん……『まともにやったらええ』これだけしか教えてくれはりまへん」というお弟子さんのことばは、とても象徴的です。つまり、評価はきわめて厳格に与えられているにもかかわらず、学習者にはその評価のよって来たる根拠が直ちに(透明に)見えない、ということが、日本伝統芸道における学習の評価なのです。そして、そのような評価の「非透明性」こそが、学習者に探求を持続させるのです。

学習者自身の「学び」ということ

生田氏によれば、さまざまな日本伝統芸道の習得プロセスに共通している特徴は、学習者はひとつの作品の全体的な模倣から出発するという点、また細かなカリキュラムもなく、やさしいものから難しいものへと学習を積み重ねていくという、いわば学校教育的な段階的学習法とはまったく異なるという点にあります。

現象的に見るなら、学習者がすることはただ模倣と繰り返しの連続で、教授過程そのものも、上位の目標から下位の目標へと下りてくるというように、明確な形で設定されているわけではありません。そのような意味では、学習者が成功感を得ることは難しいと思われます。ある作品に進むためには、これこれの作品を仕上げなければならないという意識を明確な形で持つことはできません。また、教授のプロセスでは、師匠は細々とした指示あるいは評価を与えないし、また指示あるいは評価を与えるといっても、誰にも同じような語り方をするわけではないのです。したがって、学習者はモデルとしての師匠の動きを追うことに専心するしかないのです。

こうした教え方は、ある意味で、時間も余計にかかるし、無駄も多いように見えます。上位目標から順に下位目標がきっちりと規定されているならば、学習者は自分の努力によって、遅々としたものではあっても、順々に上位の目標に向かって計画的に学習を進めていくことができます。しかしながら、伝統芸道の場合には、作品それ自体に明瞭な難易の順序がつけられているわけでも、また段階が設定されていてそれに応じて教授が進められるわけでもなく、むしろあえて段階を設定しないことの教育的意義が実践されているようです。学習者は、当の世界のさまざまな要素から、たとえば日本舞踊の場合はその人の年齢、好みなどに合わせて、また茶道の場合には季節や道具に合わせて、自分が学ぶべき作品や事柄が次々に決められます。そして、あてがわれた作品に取り組むプロセスで、学習者自身が生成的に、すなわち自ら工夫しながら目標を豊かにしていくのです。

ですから、「これを上げたらいいよ……ができる」といった、学校教育的な意味での成功感を得ることはできません。学習者自身が、師匠の動作を模倣しながら自分自身で決めた目標に応じて得られる、自らの内在的な成功感を下敷きにして、さらにより大きな目標を生たてながらそれに向けて学習を進めていくのです。

このように、伝統芸道における「わざ」の習得は、「体験」がまず先になされることを前提としています。そして、「型」の理解を目指すものであり、そのために、あえて当の「わざ」の体系を要素に分解したり、厳密な難易の段階を設定したりはしません。つまりそこには、細分化した部分の集合がすなわち全体であるという捉え方をしない、ということが示されています。

現在、日本の学校でふつうに行なわれている段階的学習法は、人間の自然の認識に合った学習方法であると一般には考えられてきました。しかし、ここにあげた伝統芸道で採用されている「模倣」「非段階性」「非透明な評価」といった特徴を持つ学習方法は、人間が持つもうひとつの「学び」のスタイルであることに間違いありません。そして私は、子どもたちの中で学んでいる障害を持った子どもたちを考えたり理解するとき、むしろこの「学び」のスタイルの方がぴったりくるのではないだろうかと感じられてしょうがないのです。

文献

1　本田和子『異文化としての子ども』紀伊国屋書店、1982。
2　生田久美子『「わざ」から知る』東京大学出版会、1987。

5 現場における「学び」の発見

人間の活動はすべて「状況に埋め込まれている」ということ

もう少し最先端の研究の紹介を続けましょう。認知科学の「人間は現場でどのように学んでいるのか」を追求しようとする試みの中で、最近、「状況的認知論」という考え方が話題になっています。

この考え方を最も初期に提案したひとりであるサッチマンは、1987年に出版した『プランと状況に埋め込まれた行為』の冒頭で、次のような引用を行なっています。

トーマス・クラッドウィンはトラック諸島の島民が公海を航行する方法についてヨーロッパ人が航行する方法と対比した素晴らしい論文を書いている。彼はこう指摘している。ヨーロッパの航海士はなんらかの一般的な原理に従って海図に描いたプラン(計画)――すなわち、一つのコース――から始め、すべての動きをそのプランに関係づけることで航海を遂行するのである。航行中の彼の努力は〝コース上に〟とどまることに向けられる。もしも予想外の出来事が生じたら、彼はまずプランを変更し、しかるのちにそれに従って対応する。トラック島の航海者はプランではなく目標から始まる。彼は目標に向けて出発し、発生する条件にアドホックな（その都度の）やり方で対応する。彼は風や波や潮流や、ファウナ（動物相）や星や雲やボートの側面に打ち寄せる水の音によってもたらされる情報を利用し、それに従って舵をとる。彼の努力は目標に至るのに必要なことすべてを実行することに向けられる。聞かれれば彼はいつでも目標をさし示すことができるが、コースを描くことはできない。（Berreman 1966 p. 347）（サッチマン著／佐伯胖監訳『プランと状況に埋め込まれた行為』産業図書）

ヨーロッパの航海士の場合は、どのように航海するのかという説明がすでに手元にあるように見えるというのです。つまり、彼らはあらかじめプランを持っていて、そのプランに従って自分たちの行為を実行しています。それに対してトラック島の航海者の場合は、むりやり聞き出さないかぎり、実際に自分たちがどう舵とりして航海するのかを他人に説明できません。

サッチマンはこのような対比を行なったうえで、「いかにプランがなされても、目的的行為は避けがたく状況に埋め込まれた（situated）行為なのである」と結論づけました。

この意味で、私たちはみな、たとえ一部の人たちはヨーロッパ人の航海者のように話すかもしれないが、トラック島の航海者のように行動するだろうといえる。私たちはトラック島民のように振る舞わないではいられない。なぜなら、私たちの行為の状況は決して完全には予想できないし、それらは絶えず私たちのまわりで変化し続けているからである。――中略――むしろ、プランは、本質的にはアドホックな活動に対してたかだか弱いリソース（資源）であると見なすべきである。（Suchman, 1987）

つまり、人間の行為というものは本質的に状況に埋め込まれたものであり、状況に埋め込まれた行為は本質的にアドホックな（その都度的な）ものであると、サッチマンは言うのです。

「状況的認知論」という考え方

サッチマンの「人間の行為というものは本質的に状況に埋め込まれたものである」とい

う考え方は、人間の行為に対するちょっとした視点の移動から生まれたものです。しかし、その影響力は予想外のものでした。それまでは、人間の認知活動はすべて頭の中の「情報処理」の結果であり、「情報処理過程」のしくみを研究すれば、人間の認知活動はすべて解明できると考えられていました。たとえば、人間の頭の中でどのようなメカニズムが機能することによって「学習」が成立するのかを明らかにすることによって、教授・指導をもっと効率的に行なえるようになると考えられていました。

しかし、サッチマンの主張は、このような常識とは真っ向から対立するものでした。つまり彼女は、人間の行為を、人間が生活する「現場」の、さまざまな事物が織りなす関係の網の目の中に位置づけて理解しようと主張したのです。

従来主流であった人間の頭の中にある「知識」に着目するアプローチと「現場の認知」という観点から人間の行為にアプローチしようとする新しい枠組み、このふたつの違いについて、高木氏は次のようにたとえています。

人間の行為を自動車のスピードにたとえれば、知識に焦点を合わせるアプローチが、自動車のエンジンの性能や構造を徹底的に解明しようとするのにたいして、こうしたアプローチは実際に車が走っている様子を詳細に観察し、エンジン、車体、ドライバー、路面、空気などがどのように関係することでスピードを達成しているのかということを問題にするのである。（高木、１９９６）

状況的認知論では、子どもたちの行為やそれを可能にしている知識などを直接捉えようとするのではなく、子どもたちをとりまく多様な物事や出来事の関係、すなわち子どもたちがどのような環境、あるいは時間的流れの中で学んでいるのかということを入念に観察して叙述することで、子どもたちの「学び」というものを捉えていこうとするのです。

１９８０年代以降、このような視点による「現場の認知」研究が、本格的に展開し始めることになります。

仕立屋さんの徒弟制度研究

そのような流れをふむ研究の中で最も有名なものは、レイヴとウェンガーの研究です。彼らは徒弟制度における「学び」を研究対象としました。そして、本当の「学び」を考えるときにポイントとなるのは「正統的周辺参加（Legitimate Peripheral Participation）」であると結論づけたのです。

このことばの意味についてはすぐ後で詳しく説明しますが、ここで注意したいのは、佐伯胖氏も言うように、この考え方は徒弟制度における「学び」に限定されるものではなく、学校での学びをふくめて、人びとが「学んでいる」ときには必ずあてはまる考え方であるという点です。つまり、レイヴたちの主張は、「学習」という概念が、これまで「学校教育」をモデルにしていたために歪んでしまったこと、見えなくなってしまったことを示唆しています。学校における「学習」は、日常生活の中での学びと比べると、異様なまでに特殊です。学校は、「学校」という文脈だけでしか通用しない独特の「学び」をつくりあげてきました。しかし、そのような「学び」は本当の意味での「学び」ではないと、佐伯氏は言います。

それでは、レイヴたちに沿って、「正統的周辺参加」の考え方について詳しく見ていきましょう。

レイヴとウェンガーは、西アフリカのリベリアの伝統的な仕立屋を調査し、洋服作りという社会的な活動の構造と、そこで働く徒弟たちの学習過程との密接な関係を明らかにしています。

レイヴたちが研究の対象としたのは、リベリアのヴァイ族とゴラ族の仕立屋たちです。彼らの店は商業地域をぐるっと取り囲むように流れている川沿いの狭い道にぎっしりと建ち並んでいました。いずれも木造の、土間のままの、ブリキ屋根の建物です。それぞれの店では数人の親方がいて、店を経営し、服を仕立て、また徒弟を監督していました。これらの仕立屋の日常的な仕事は、最下層の人びとが着る服やズボンを作ることでした。しかし、彼らは外出用のフォーマルな衣服や高級スーツを作ることもあったそうです。

徒弟として働く期間は平均5年間でしたが、徒弟は、この間に衣服を作る全部の過程を学習します。初めて親方の元についた徒弟は、まずはじめにアイロンかけやボタン付けのやり方といった、製品の仕上げの段階の作業を実際の生産工程に加わりながら学んでいきます。この初歩の段階が終わると、次に縫製の仕方を学び、最後に布地の裁断の仕方を身につけます。

このように、実際に洋服が生産される工程とは逆のステップで徒弟の学習過程が構造化されていることは、当の学習主体である徒弟が仕立ての技術を学んでいくうえで、最良のステップであるとレイヴたちは言います。アイロンかけやボタン付けの作業を行なう中で、洋服のおおまかな構造を知ることができます。最初に、衣服がどのように構成されているかという全体的な輪郭に、徒弟の注意を向けさせる効果があるというわけです。次に、縫製の過程で、洋服を構成しているさまざまな布地がどう使われているかが理解され、そのように布地を裁断する理由が理解されます。縫うことで、彼らの注意を異なる布切れが縫い合わされる論理（順序、場所）に注意を向けることができます。そこで初めて、それらがなぜそのように裁断されているかがわかるのです。最後に、そうした理解にもとづいて、最終的に自分で型紙を作り、布地を裁断することができるようになります。このように、それぞれのステップが、いかに前段階が現在の段階に貢献しているかを考える無言の機会を提供しているのです。

さらにこの順序づけは、失敗経験、特に重大な失敗経験を最少にします。これらは、全課程とも決して練習ではなく、すべて「本番」で、まだ一人前にはほど遠い徒弟といえども失敗してよいわけではありません。そのような彼らにとって、アイロンかけやボタン付けの作業は、多少の失敗は許される、修復可能な作業なのです。間違った裁断をして布地を全部無駄にしてしまうような致命的な失敗は、決して許されないのです。

以上のように、徒弟制度では洋服の生産という実際的な目的に向かって、徒弟を生産活動の実質的な担い手として有効に活用すると同時に、徒弟自らが学ぶ場として機能しています。

正統的周辺参加

このようなリベリアの伝統的な仕立屋の徒弟制度に対するフィールドワークから、レイヴとウェンガーは「学習」を考えるときのポイントとして、「正統的周辺参加」の考え方を提唱しました。

まず、正統的・周辺・参加のうち「正統的」ということばですが、たとえば徒弟はまず初めにボタン付けを手伝わされます。「ボタン付けだったら、後で修正がきくからやらせている」というわけです。しかし、ボタンは見えるところに付けるのですから、ひじょうに大切な仕事です。そういう大切なことに初心者である徒弟が参加するのです。そのことが、本来「学び」というものは当初から「正統的」だという考えを生み出しました。

佐伯氏は、「学び」には本来「嘘がない」にもかかわらず、学校での学びは嘘っぽく見えるかもしれないと言います。それを知ったからといって、世の中がよくなるとは思えません。勉強するということは、要するに、テストのために頭の中に「知識」を詰めこんでいるだけで、自分が世の中に何か「よい」こととか、文化として「よい」こととかと、かかわりを持っているという感じがほとんどありません。つまり、そういう物事の真実性とか妥当性というのは、不幸にして今日の学校教育ではあまり強調されてこなかったかもしれないと、佐伯氏は言うのです。人びとが学びあっている世界では、その「学び」の真実性・妥当性の実感、つまり、「このことが（先行き）さまざまな真実の世界とつながっている」という実感がついてくるはずです。そのことを、レイヴらは「学びは本来、正統的だ」と言うのです。そして、「大切なしごと」の予感につられて学ぶ姿こそが、「正統的な学び」なのです。

次に、正統的・周辺・参加の「周辺」ということですが、これはどのような学びでもまずは周辺から始まるということです。たとえば徒弟制度の場合、徒弟が最初にまかされる仕事は重大な影響の少ない、失敗しても回復可能な「周辺的な」仕事からです。アイロンかけにしてもボタン付けにしても、非常に大切な作業であることには違いないのですが、それは「まちがえても取り返しのきく」仕事です。しかし、全体の仕事の中での役割ははっきりしており、失敗すればそれだけ損害は生じるわけで、その責任から逃れるわけにはいきません。ただ、そのダメージを容易にカバーできるような仕事だというわけです。

最後に、「参加」という概念ですが、これは正統的周辺参加の考え方で最も大切な概念です。どのような初心者でも、メンバーの一員としてなんらかのコミュニティあるいは共同体に加わるということです。コミュニティや共同体の中で初めて「学び」が起こります。このような「学び」の側面が学校教育で着目されることは、ほとんどありません。授業で学んだことが現実のコミュニティとどのようにつながっているのか、コミュニティの人たちと出会い、「仲間入り」することによって実感できることはほとんどないと佐伯氏は指摘します。このような「学習」において獲得した知識は、ほとんど「リアリティー」というものがありません。なんらかのコミュニティや共同体に加わり、そこで「学ぶ」ことが本当の学習なのです。

この章では、サッチマンの「人間の行為というものは本質的に状況に埋め込まれたものである」という考え方と、レイヴとウェンガーの「正統的周辺参加」という考え方を紹介しました。これらの研究は対象こそ異なっていますが、私たちが検討している「子どもたちは現場でどのように学ぶのか」という問題を考えていくとき、大変有効な視点を与えてくれると考えています。

文　献

1　Lave, J. and Wenger, E. *Situated Learning*. Cambridge University Press, 1991.（佐伯胖訳『状況に埋め込まれた学習―正統的周辺参加』産業図書、１９９３。）

2　佐伯胖『マルチメディアと教育』太郎次郎社、１９９９。

3　Suchman, L. A. *Plans and Stiuated Actions*. Cambridge University Press, 1987.（佐伯胖監訳『プランと状況に埋め込まれた行為』産業図書、１９９９。）

4　高木光太郎「実践の認知的所産」波多野誼余夫編『認知心理学５　学習と発達』東京大学出版会、１９９６、37-58頁。

6

自閉症児・晋平の幼い頃

晋平は、重度の自閉症児です。有効な発話はまったくなく、幼児期には自分の母親も認識できない状態でした。人とまったく視線が合わず、顔にも表情がなく、多動で家や保育所から逃亡してばかりいました。私は、そんな晋平と4歳のときから関わり合いを持つようになりました。

私は、晋平の母親に対して、ひとつの提案をしました。それは、「晋平自身の学びを大切にしながら育ててゆく」というものでした。それは裏を返せば、「可能なかぎり訓練的なことは避ける」という意味を持っています。そして、この提案は障害児教育の常識とはまったくかけ離れた提案でした。

しかし、晋平の母親は、私の提案を快く受け入れてくれました。実を言えば、母親自身も私とまったく同じ考え方を持っていたのです。

「晋平自身の学びを大切にしながら育ててゆく」という基本方針を持ったわれわれでしたが、当初は具体的に何をしたらよいのかまったくわからない状況でした。そこでわれわれは、晋平をいろいろなところにつれていったり、いろいろな経験をさせたり、そして可能なかぎり子どもたちの中で生活させました。晋平がどのように育てられてきたかについては、先に私が出版した『鉄腕アトムと晋平君―ロボット研究の進化と自閉症児の発達』

（ミネルヴァ書房、1998）の第2部で、母親自らが詳しく語ってくれています。

このような育て方が、どのように晋平自身に作用したのかを説明することは簡単なことではありません。しかし、結果的に晋平は、小学校に入った頃から母親を「自分の母親である」と認めるようになり、笑顔も出てきたのです。また、人の言うことも状況の中ではある程度理解できるようになってきました。そして、驚くべき出来事が小学4年生の夏休みに起こりました。

晋平が突然、ことばを使い始めたのです。自分の気持ちや言いたいことを、母親の手のひらに人差し指で文字を書いて伝えるという「指書」です。自分の気持ちや言いたいことを「指書」で伝えるということは、もちろん学校などでは一度も教えてもらったことはありません。それなのに、突然、本当に突然、晋平は母親の手のひらに文字を書いて自己表現しだしたのでした。晋平ママは驚いてすぐに私に報告してくれましたが、それはちょうど、こんな具合でした。

それは8月の最終日、今日で夏休みが終わり、明日から学校という日でした。

夕食を食べ終え、晋平、お姉ちゃん、そして私の3人が、お姉ちゃんの部屋でくつろいでいたときのことです。お姉ちゃんは、明日の学校の用意をしていました。私が何気なく「もう夏休みも終わりね」と言うと、晋平がランドセルのミニチュアを指さしました。それはお姉ちゃんのアクセサリーです。

「ああ、晋平も明日から学校だという気持ちを表現したいんだな」

そう思いましたが、特にそれに対して反応することもなく、ただボーッとしていました。お姉ちゃんも、晋平が指さしたことに気づいたのか気づかなかったのかわかりません。

すると晋平は、突然私の手をとると手を開かせ、手のひらに「がっこう」と指で書きました。そんなことはこれまで一度もなかったので、とても驚きました。

これをきっかけにして、コミュニケーション手段としての「指書」の使用が始まりました。

この事件をきっかけにして、晋平は自己表現の手段として「指書」を使い始めました。

しかし、改めて考えてみると、とても不思議です。なぜなら、晋平は「指書」の訓練など一度も受けたことがなかったのですから。特殊学級の先生は、晋平に対しなんとかしてお話をさせようとして「訓練」を一生懸命していました。でも、晋平が自己表現の手段として選んだのは、それまで一度も訓練など受けたことのなかった「指書」でした。これはどういうことなのでしょうか？

晋平はどのようにして、それまで一度も訓練など受けたことのなかった「指書」を学んだのでしょうか？

晋平はどのように育てられたか

晋平は、1984年8月に誕生しました。妊娠期、出産はいたって順調。乳児期も、とにかく手のかからない子でした。1歳11カ月でことばがまったくなく、民間の赤ちゃん相談に行きことばかけを増やし様子を見るようにとの指導を受けます。2歳3カ月でU市福祉課療育相談で自閉症と診断され、障害児施設を紹介されました。2歳5カ月、東京都のA養護学校家庭指導グループで週2回指導を受けます。この時点での自発語はマンマンマ（空腹時）、コッコッコ（だっこのこと？）だけ。大人の言うことは理解できないか、理解できてもまったく関心を示さない状態でした。

幼児期は、多動、偏食、同一性の保持（同じ道順、家具などの位置など）、無表情が特徴として観察されました。ひとりで砂や水遊びをすることが多く、またブロック、ミニカー、電車などを一列に並べて遊ぶのが好きでした。またこの頃から、数字やアルファベット、特に自動車のナンバープレートに対する固執が始まります。他の人と視線が合うことはまったくなく、母親の育児日記にも、「私を物のように思っている」との記載があります。

1989年4月（4歳8カ月）、父親の転勤のため福岡に引っ越し、保育所に入所。保育所からいなくなり、公園や他の保育所で見つかるということがしばしばありました。5分程度の着席がやっとでした。この時期、友人から大学を紹介され、私と晋平とのかかわりが始まります。

当初、晋平ママも確固とした育児方針があったわけではなく、私も悩んでいた時期でした。私は晋平ママと、その育児方針についていろいろと話し合いました。

そして、晋平ママの何気ない一言が多くの話し合いをわれわれにもたらしました。たとえば、「私のことばはわからなくても、私の気持ちをわかってくれる人間に育ってほしい。」という晋平ママの一言がありました。

晋平ママは、晋平をこのように育てたいと言うのです。私はこのことばを聞いたとき、

「本当に、これが晋平ママの本心なのだろうか」と思いました。「ことば」は人間にとってとても大切なもの。ことばがわからなかったら、他の人ともコミュニケーションすることが困難です。まして、人の気持ちなどわかるはずはありません。人間は昔からことばを持ち、これを利用してきました。ことばは人間同士を結びつけ、文化を作り、思想を生み出してきたのです。もし、ことばがなかったら、それは動物と同じではないでしょうか。ことばを持って初めて、人は人となるのではないでしょうか。

《晋平ママは、本当に、晋平に対し「ことば」より「気持ち」を求めているのだろうか？》

私はこのことばを初めて聞いたとき、そのことがとても心に引っかかりました。しかし、その後ゆっくりと時間をかけて考えてゆくうちに、私にも晋平ママの真意が少しずつ理解できてきました。以下は、私の理解です。

ことばはコミュニケーションの道具だから、それがうまく使えるためには、ある程度コミュニケーション自体が発達していなければならないはずです。逆に言えば、コミュニケーションが発達していないのに、ことばだけあってもまったく役にたちません。

自閉症児の中には、コマーシャルをそっくりそのまま真似たり、人の言ったことをそのままオウム返ししたりする子が多いことはよく知られた事実です。一日中、「信頼と技術の日産……りんごをかじると血が出ませんか……引越しは引越しのさかい」などと言っています。そして「お名前は?」と聞くと「お名前は?」、「お年は?」と聞くと「お年は?」と答えが返ってきます。このようなことばは、表面的には「話している」と見えても、ことば本来の役目をまったくはたしてはいません。

たとえば、自閉症を持った母親が私のところへ最初に相談に来たとき口にすることばは、「この子はことばが遅れているのですが……」です。

「ボク、お名前なんでいうの?」

などと質問してみても、ぜんぜん答えが返ってきません。名前が言えないということは事実で間違いないのですが、必死になって言おうとしているんだけど言えないとか、たとえば外人に「お名前は?」と日本語で質問したときに見られるような困惑した顔を見ることは、まずないと言ってよいでしょう。皆、こちらをまったく無視し、おもちゃに夢中になっていたり、訳もなく走りまわっていたりするだけです。

母親が相談にくるとき、その子のほかに弟や妹を一緒につれてくることがあります。母親が子どもの障害を気にし出すのが2歳前後なので、ちょうどその頃生後6カ月～1歳くらいの弟や妹がいることが多いのです。ふたりともほとんどことばがないという点では同じなのですが、どうしても下の子の方がコミュニケーションをとりやすい。話しかけやすいというか、扱いやすいというか。そのことを母親に言うと、改めて、「そうなんです。弟（妹）の方が、かわいくて……」などと同意します。

障害児をわが子に持った母親にとって、その障害を認めることは並大抵なことではないことは予想できます。気持ちが通じあわないとか、コミュニケーションがスムーズではないというだけでは、わが子の障害を納得することはできないのかもしれません。やはり、2歳を過ぎてもことばがひとつもでないとか、知能検査でIQいくつだったというような「目に見える事実」がないと、納得できないのでしょう。

やはりふつうは、「目に見えるもの」と「目に見えないもの」では、「目に見えるもの」に軍配が上るようです。目に見えないけれど、とてもとても重要なもの。これを晋平ママは、表現したかったのでしょう。

私のことばはわからなくても、私の気持ちをわかってくれる人間に育ってほしい。

コミュニケーションと「ありがとう」

もうひとつ、晋平ママの何気ない一言から始まった検討です。これは上に紹介した例とは、まったく逆の気持ちを示したことばです。つまり、晋平ママも自分の育児方針に絶対の自信があったわけではなく、いろいろ揺れていた時期に何気なく発した、結果的には否定されることになることばです。それは、次のようなことばです。

晋平にとっては、特に話さなくとも別に何の不自由もないはずです。でも、せめて、何か人に親切にしてもらったときに、「ありがとう」と言えるくらいにはなってほしいと思います。

晋平ママは、人とのコミュニケーションをスムーズにするために、「ありがとう」くらいは言えるようになってほしいと言うのです。しかし、この一見あたりまえのことが、どういうわけかそのときの私にはとても気になりました。

でも、コミュニケーションが成立しているから「ありがとう」と言えるんじゃないのかな。

そのとき、私は素朴にそう思ったのです。

はたして、コミュニケーションをスムーズにするために「ありがとう」と言うのでしょうか？　それとも、コミュニケーションが成立しているから「ありがとう」と言えるのでしょうか？

自閉症児の発達にとって「ことばの獲得」は非常に大きな目標のひとつです。ほとんどすべての自閉症児がことばの遅れを伴っており、自閉症教育にかかわる多くの専門家がことば訓練の重要性を指摘してきました。

私も当初、自閉症と診断された「話すこと」のできない晋平に対し、「話させる」ことを目標とした言語訓練をしなければならないと考えていました。そして、「どのような指導を行なえば、晋平は話すことができるようになるのだろうか？」ということを真剣に考えていました。この問題をもっと端的に表現すれば、「どのような『テクニック』を用いて指導すればよいか？」ということになります。これまで多くの先生や研究者が、多くの指導（訓練）テクニックを開発してきました。そしてその結果として、私は目の前に存在する多くの指導テクニックの中からひとつの選択を迫られ苦慮していたのです。

つまり、言語指導を行なうに際してまず最初に私に生じた疑問は、このような伝統的なものでした。

《どのような「テクニック」を用いて指導すればよいか？》

そのような時期に耳に入ってきた晋平ママのことばは、このような問題とはまったく異なった性質を持つ、新たな疑問を私に生じさせました。つまり、次のような疑問です。

《コミュニケーションをスムーズにするために「ありがとう」と言うのか？　それとも、コミュニケーションが成立しているから「ありがとう」と言えるのか？》

「コミュニケーション」と「ありがとう」という2つのキーワードの関係を整理して図示してみると、興味深いことに、その因果関係はまったく逆転してしまいます。

● 言語訓練を行なうことによって「ありがとう」と言えるようにし、コミュニケーションをスムーズにする

言語訓練 ⇨ **「ありがとう」** ⇨ **コミュニケーション**
原　因　　**結　果／原　因**　　**結　果**

● コミュニケーションが成立しているから「ありがとう」と言える

コミュニケーション ⇨ **「ありがとう」**
原　因　　**結　果**

図　「コミュニケーション」と「ありがとう」との関係

さらに言語指導という観点を加えることによって、これらの関係は次のように書き替えることができます。

《言語指導を行なうことによって「ありがとう」と言えるようにし、コミュニケーションをスムーズにするのか？それとも、コミュニケーションの発達を促し、自然に「ありがとう」と言えるようにするのか？》

私と晋平ママは話し合ったすえ、とりあえず「コミュニケーションの発達を促し、自然に「ありがとう」と言えるようになるのを待つ」という選択をすることに決定しました。もちろん、そのときには、晋平自らがコミュニケーション手段として「指書」を使い始めるだろうとは想像もしていませんでしたが。

「コミュニケーション」の捉え方

ちょっとここで基本に戻って、「コミュニケーションって何だろう」ということについて考えてみたいと思います。

これまで、「コミュニケーション」は、「相互作用・相互交渉（inter-action）」「情報のやりとり」あるいは「『刺激-反応』の連鎖」というように考えられ、「A→B→A→B」という枠組みで捉えられ、典型的には図のように理解されてきました。ここでは、基本的に、「A」と「B」とが区別され、客観的に分析されたうえで、それらの「関係」が追求されます。そして、たとえば、「A→B」あるいは「B→A」をひとつの単位と考え、その「関係」の意味を分類すれば（たとえば、「要求」とか「応答」とかというように）数量化でき、「コミュニケーション」の様相をかなり客観的に分析することも可能となるわけです。

さらに、これまでは「コミュニケーション」を考える場合、たとえば「発達した結果としてコミュニケーションがとれるようになった」というように考えられてきましたし、

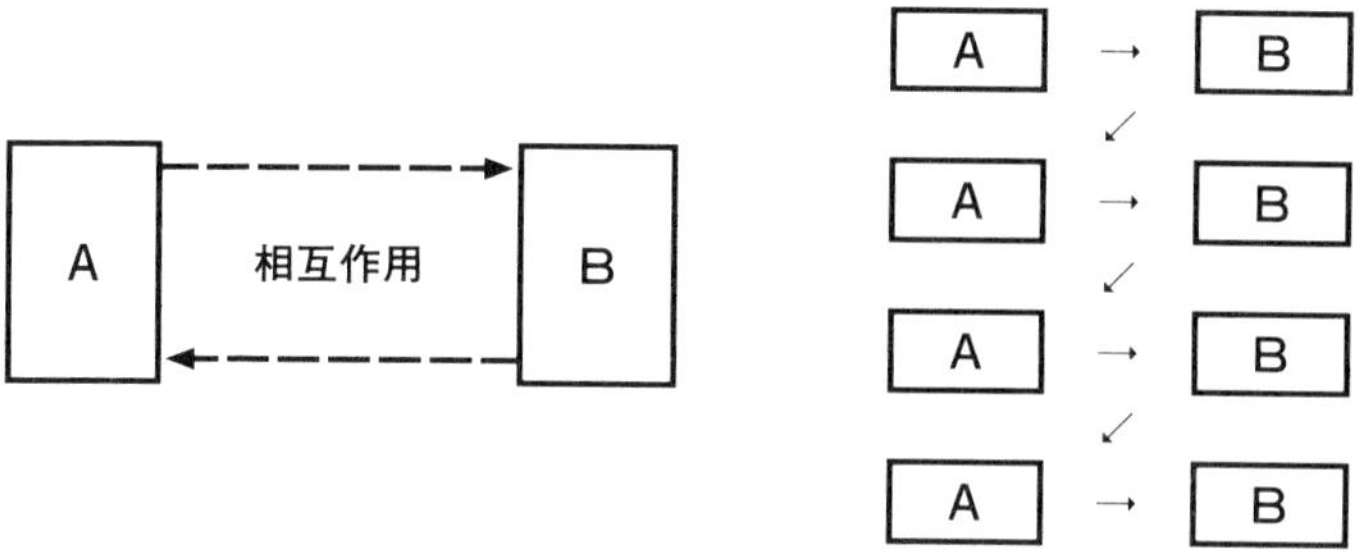

図　従来の「コミュニケーション」理解の枠組み

「コミュニケーションがとれるようになること」が障害児に対する教育目標としてかかげられてきました。そして、そもそも「コミュニケーション障害」という概念自体、「結果としてコミュニケーションがとれない状態」という理解でした。

確かに、このように考えることは「コミュニケーション」を捉えるひとつの方法ではあります。しかし私には、このようなコミュニケーションの捉え方が、その本質を表現しているとはどうしても思えなかったのです。私が捉えた「コミュニケーション」の枠組みは、次のようなものでした。

第一に、「コミュニケーション」を、「A→B→A→B」というように、「A」と「B」に断片化せず、その「コミュニケーション」の持つ全体性を重視しようという立場を基本的に持ちます。それは、ひとつの「状況」として

「コミュニケーション」を捉えていこうとする態度です。そして私は、「A」や「B」の「無意図性」を重視します。つまり、「A」と「B」との間になんらかの「関係」が成立している場合でも、必ずしもすべての活動が意図的に行なわれているわけではないという点に着目するのです。このように前提すれば、たとえば「A↓」を理解しようとしたとき、ここでAが発するものは、Aにとっては無意図的で十分コントロールされていないのですから、何が「↓」されるのかが不明です。また「↓B」を考えても、Bには何かを受けとろうというような意図がないのですから、結果的に何を受けとったのか不明です。つまり、無意図的状況においてその状況を「A↓B」と理解し記述することは、不可能と言わざるをえなくなります。

これまでの「コミュニケーション」理解の枠組みとは異なる第二の点は、従来は「コミュニケーション」の「結果としての側面」を重視してきたのに対し、私は「過程としての側面」を重視します。つまり私は、「コミュニケーション」という概念を出発点として、そのような「状況」の中で子どもたちがどのように発達していくかに着目します。言い換えれば、障害児を発達させる力をその内に持っているような「状況」を、「コミュニケーション」という概念の中に見い出していくのです。

晋平をどのように育ててゆくかということを晋平ママと話しながら、私は以上のようなことを考えていました。そして、このような考え方の枠組みは必然的に、晋平自身がどのように学習するのかということにもつながっていったのです。

晋平は、われわれの会話をどのように捉えているか？

もうひとつ、晋平を育てていく上で考えたことを紹介します。これも晋平がまだ幼いときの出来事です。晋平がひとりで遊んでいる側で、私は母親と世間話をしていました。私がふと晋平に視線を移すと、偶然晋平の視線と合いました。晋平と視線が合うことはまれなことなので、私は少し驚きました。そして、次の瞬間、私には次のような疑問が生じました。

《私と母親が「話している」様子を、晋平はどのように見ていたのだろうか？》

この疑問に対しては、取り合えず、2つの晋平の気持ちが考えられます。

ケース１：「ボクもみんなと同じようにしゃべりたいなあ。」
ケース２：「みんなよくしゃべっているよなあ。でも、ボクには関係ないよ。」

これらは、「話すこと」に対する「動機」に関係しています。そして、もし晋平がケース1のような気持ちを持っているとしたならば、積極的な言語指導への参加が期待されます。もし晋平がこのような言語指導に対する能動性を持ち、指導に対して協力的であったならば、言語指導は非常に効果的に行なわれうると思われます。言い換えれば、このような晋平側の条件が整って初めて、指導者自身の指導技法やその習熟度が問われることになり、その指導技法の開発も効果を発揮することになるのです。しかしながら、私には、晋平が自分自身から話そうとしているとは考えられず、母親が言うように「話さないことに対して何の不自由も感じていない」ように思われました。

晋平の場合、その状況は、どちらかと言えばケース２に近いと私は当初考えていました。つまり私は、晋平は「話すこと」に対する動機がまったくないのだと考えていたのです。そして、晋平の「話すこと」に対する動機を高めるために、課題に成功した場合には報酬としてチョコレートを与えるという方法を試みました。しかし、それはまったく失敗でした。言語指導に積極的に参加するための契機にしようと用いた報酬が、晋平にとっては一次的な目的になってしまったのです。晋平は課題の成功や失敗にかかわらず、執拗にチョコレートを要求しました。その態度は、われわれの「成功したときだけチョコレートを与える」という取り決めの撤回を迫るほどの激しいものでした。

このような指導の失敗を経験し、私の認識は変化しました。つまり、「私と母親が『話している』様子を、晋平はいったいどのように見ているのだろうか？」という疑問に対して解答しようとするとき、動機という観点だけで検討することは誤りではないのかと考えるようになったわけです。そして私には、第3のケースとして次のような仮説が設定されました。

ケース3：晋平の耳には（目には）、われわれの話していることがまったく入っていない！

晋平に聴覚障害があるとか、視覚障害があるとかということではもちろんありません。

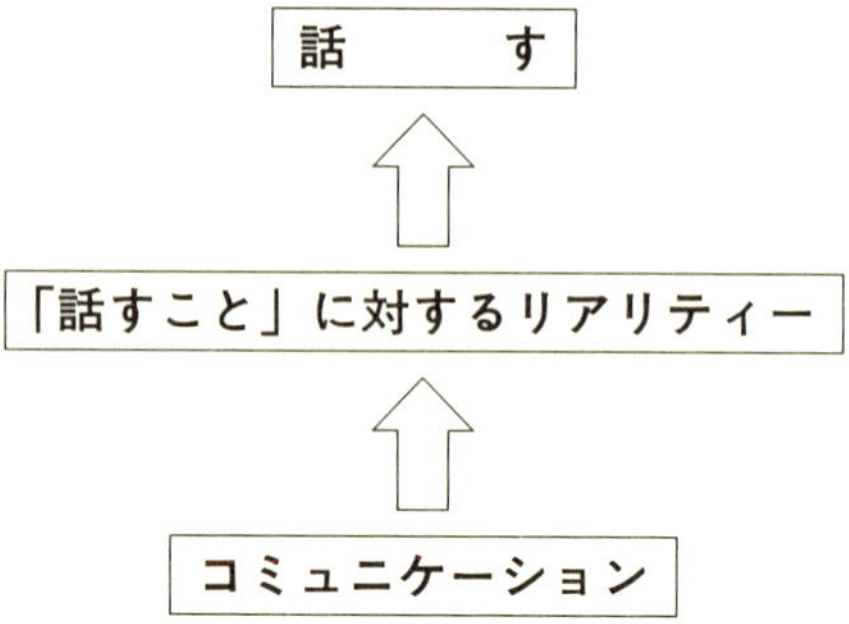

図　言語発達の基本過程

この仮説の意味するところは、物理的には同じ「場」を共有していながら、晋平はまったく異なった「世界」に存在しているということです。つまり晋平にとって、「私と母親が『話している』こと」は別世界の出来事であり、まったく「リアリティー（reality 現実感）」がないのです。したがって、「話したい」とも思っていないし、「自分には関係ない」とも思ってはいない。このような意味で、晋平が「話せない」という状況は、外国人が日本語を「話せない」という状況とはまったく異なっています。

さらに言えば、子どもと大人のリアリティーが一致していない場合、そこにはコミュニケーションは存在しません。逆に双方のリアリティーが近づいてきたとき、大人にとっては「心が通じた」と感じたり子どもを「かわいい」と感じ出し、「学習を促すような状況」が成立することになります。そして、そのような状況が成立して初めて、「話すこと」あるいは「ことばを学ぶこと」の土台ができたと考えることができるのです。

これらの関係は、図のようにまとめることができます。つまり、晋平に対しては、まずコミュニケーションの発達促進を目標とするべきでしょう。コミュニケーションの発達にともなって「話すこと」に対するリアリティーが増してきます。そして、そのリアリティーが成立したところで初めて、日常生活に活用できるような「話す」能力を学習できるようになるのです。

文　献

1　渡部信一『鉄腕アトムと晋平君─ロボット研究の進化と自閉症の発達』ミネルヴァ書房、1998。

7

晋平の「指書」と状況的学習論

指書出現までの晋平の様子

さて、晋平のその後です。6歳8カ月で晋平は、小学校の特殊学級に入学しました。小学校入学以前は10分以上席に座っていることはなく母親は心配していましたが、結果的にはまもなく45分の授業時間ほとんど席を立つことがなくなりました。この頃から親しい人と視線が合うようになり、簡単な指示にも従えるようになってきます。小学校入学後も物事に対する固執は継続し、それは教室などの環境が変化する4、5月にひどくなります。2年生には絵本に対して（常に数冊の絵本が入った手提げを離さない）、3年生には車から降りるということに対して（降りるときの足の角度などに固執し、なかなか降りることができない）、4年生には学校の下駄箱が代わったことを契機に靴に対する固執が出現しています。いずれの固執も2、3カ月継続した後、軽減します。

朝の会は普通学級にいますが、その他の時間は特殊学級で過ごします。1学級5名で、1年から3年まで同じ担任教師から指導を受けました。4年になって担任が替わりましたが、その指導方針は前任教師から受け継がれています。

特殊学級における指導は、コミュニケーション手段を獲得するという目的で音声言語の指導を受けました。これは、発声訓練と教師の口型を模倣する訓練が中心です。3年間の指導の結果、いくつかの音は発声可能となり、また先生の口型を見て自分も同じように口型を作るという口型模倣もかなりできるようになりました。しかし口型模倣には音声が伴わず、有効なコミュニケーション手段には至っていません。また、文字言語の指導も受けましたが、これは「国語」の学習として、主に教師が作製したプリントによる指導です。教師には、コミュニケーション手段として文字を使うという意図はなかったようです。

小学4年生までに、日常生活レベルで教師や母親の指示にはほとんど従うことができるようになります。しかしながら、意味のあることばとしての音声言語は出現していません。

晋平は、幼児期から文字に対する興味は強く、「固執」と判断できるほどでした。特に、数字やアルファベットに対する固執が強く、ひらがなも小学校入学前には50音表を見ないで完璧に書けるようになります。小学校に入学して、授業で文字ブロックや文字パズルを行なうようになりましたが、当初は文字そのものに興味があるだけで、意味のある単語にはまったく興味を示しませんでした。しかし、小学2年になって少しずつ文字単語(ひらがな)に興味が生じるようになり、それとほぼ同時に、文字の意味理解が可能になってきました。小学2年生の後期から、絵本に対する固執が始まります。そして、小学3年になると文字単語とその意味が急速に結びついてきます。同時に、文字を自発的に書きたがるようになります。この時期の最大の特徴として「文字遊び」の出現があげられます。家庭で母親や姉とリラックスして遊んでいるようなとき、「文字遊び」は出現します。たとえば、そのような文字は存在しないと知っていて濁点をつけたり、語尾が同じ文字の単語を並べて書いたり、平仮名と片仮名を並べて書いたり、文字を崩すことによっておもしろい形にするという行動が認められました（次ページの図参照）。

学年の進行と平行して書字可能な単語および意味理解可能な単語の数は増加していきますが、それらの文字単語をコミュニケーション手段として用いることはまったくありませんでした。たとえば、「あめ」とは書きますが、それを飴がほしいときに用いることはありません。

そして、小学4年の夏休みの最後の日、晋平の「指書」が出現したのです。

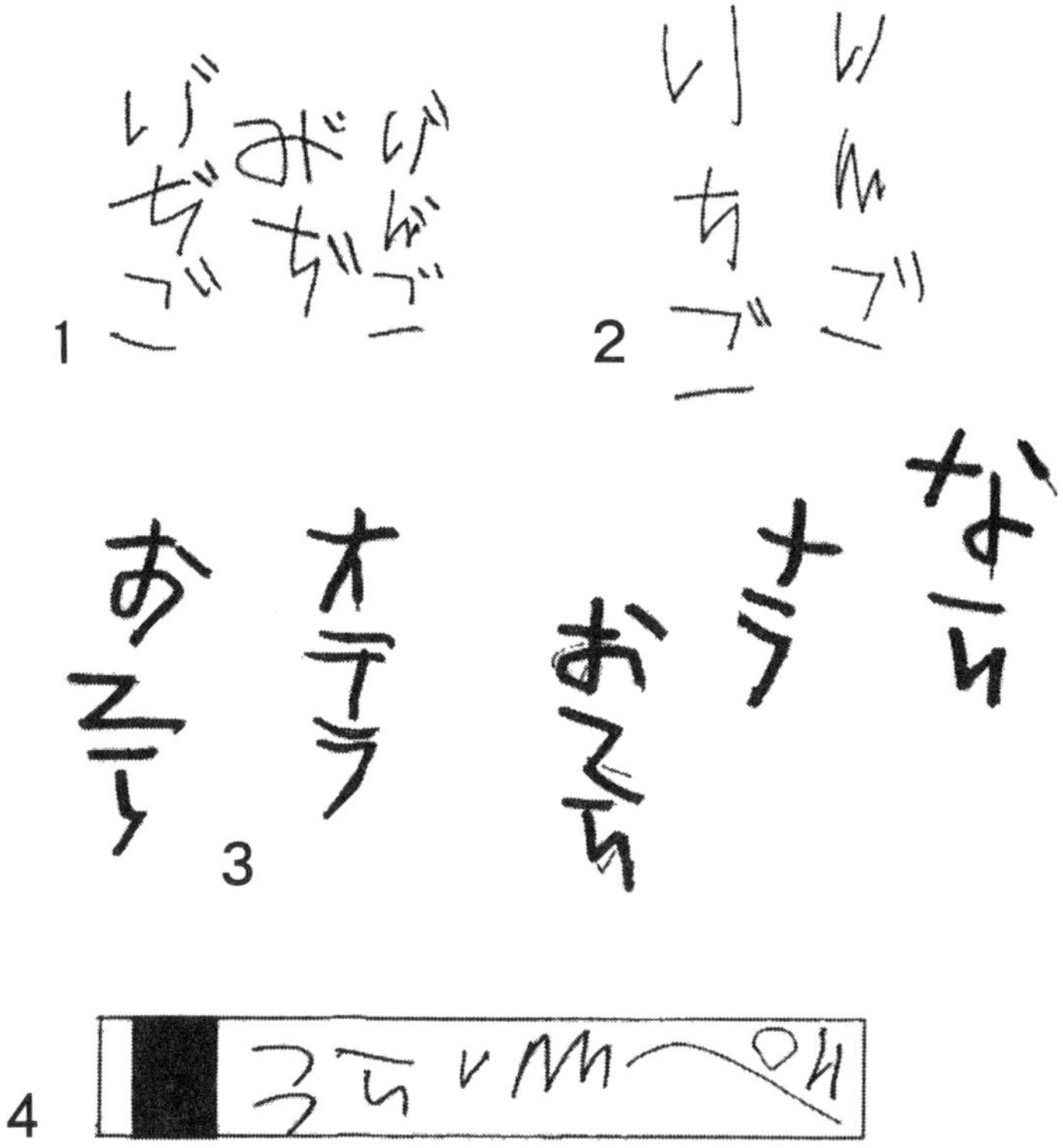

図 「文字遊び」の例

晋平の「指書」の様子

指書が出現し始めた当初、最も頻繁に出現するのは母親に対してであり、それは学校から帰ってきた後のゆったりした時間に多く見られました。晋平は母親の手を引っぱり自分のところに寄せ、その手のひらに人差し指で書きます。もし間違って修正したいときには、手でごみを払うように手のひらをなでます。この行為は頻発し、書いては消しまた書くことが行なわれます。筆記用具を持ってきて紙に書かせようとしてもいやがり、手のひらに指書します。

非常に興味深いのは、その「書き順」です。指書の書き順は、ほとんどの場合正しくありません。まったくでたらめといった感じです。ところが、学校の授業中行なう書字や宿題のプリントで書く文字は、ほとんどの場合正しかったのです。つまり、晋平にとって、コミュニケーション手段としての文字（つまり、指書）と、お勉強としての書字では、たとえ同じ文字であったとしても、まったく異なった意味を持つと考えられました。

当初から、学校でも指書することがありました。家庭に比べ非常にまれではありましした

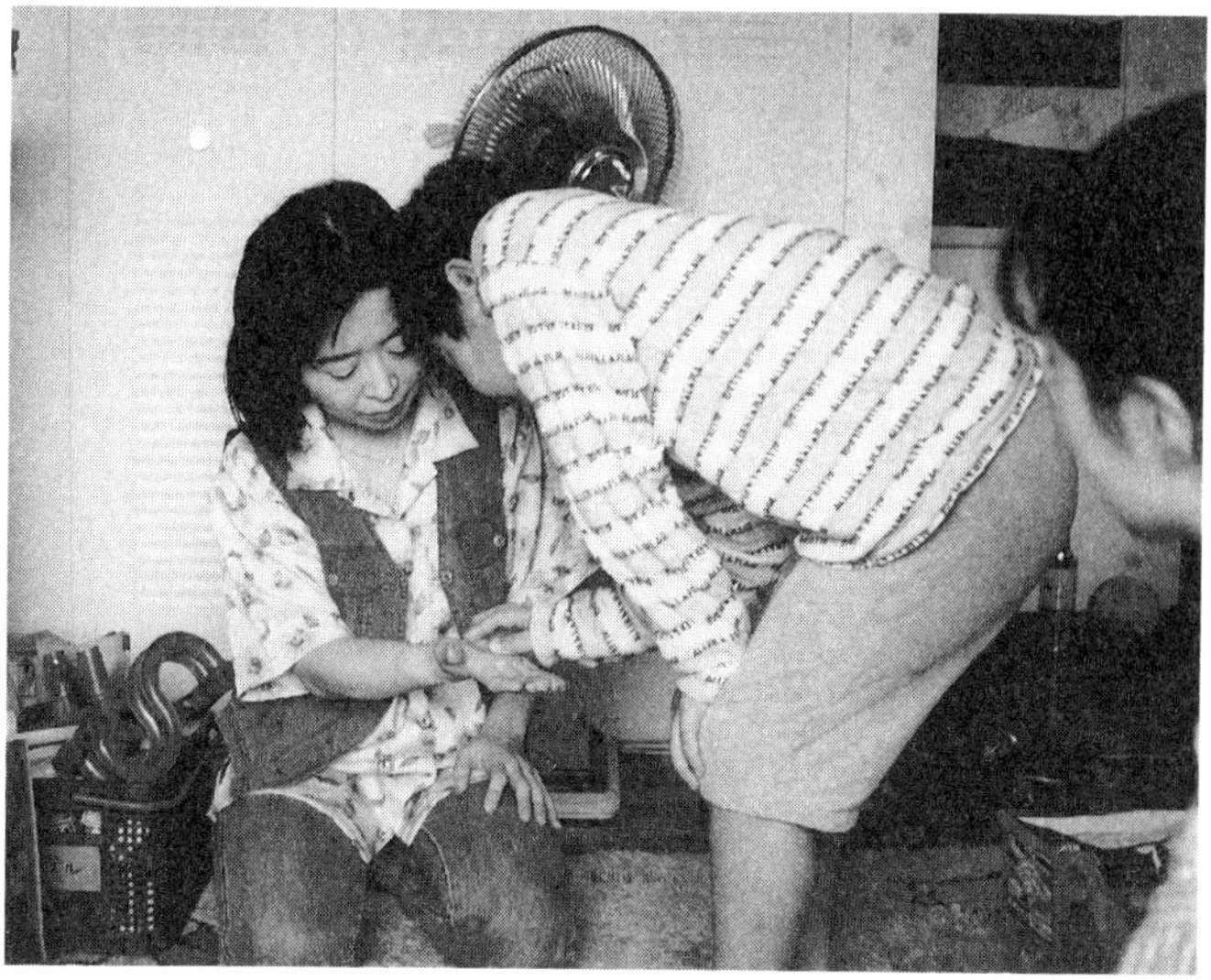

が、たとえば先生の「どこいってたの?」という質問に対し「トイレ」と指で書きます。

指書が出現し始めた8月下旬から12月までの約3カ月のあいだに、母親は30以上の単語を確認しています。たとえば、何かがほしいとき(要求)の指書としては、「ピザ」「カカオ(カカオの実というお菓子)」「オムライス」「御飯」「さっぽろポテト」「ドーナッツ」「チキン」などが出現しました。また、何かをしてほしいときの指書としては、「せっけん(手を洗いに一緒に来てほしいとき)」「くるま(車に乗りたいとき)」「レンジ(エピソード1参照)」などが見られました。

さらに、何かを伝えたいときの指書としては、「は（歯が痛いとき）」「ふとん（ベッドに行くことを告げるとき）」「ランドセル（明日学校があるかどうかたずねるとき）」「あし（スケートをした後、靴を脱ぐとき）」などが見られました。その他にも、「かっぱぁーず（晋平の好きなスポーツクラブの名前）」「みつば（晋平の好きなお菓子屋の名前）」「め（母親のコンタクトレンズのケースを指さして）」「スパゲッティー（エピソード2参照）」などが出現しました。

エピソード1

晋平は好物のラザニアを冷蔵庫から取り出し、母親のところに持ってきました。そして、母親の手をとり「レンジ」と指書。母親は「ラザニア」と指書するものと予想していたので、大変驚いたと言います。

エピソード2

その日の夕食はスパゲッティーでした。晋平はそれを知ると、本棚から「あいうえお辞典」を取り出しスパゲッティーの項目を引き、その書き方を確認。母親のところに戻ってきて改めて「スパゲッティー」と指書。

「指書」出現その後

8月下旬に初めて指書が出現してからしばらくは、3日に1回ほどの頻度で「指書」は出現しました。しかし、徐々にその数と頻度が増加してゆきます。11月、初めて学校で、先生に向かって「トイレ」と「指書」が出現します。初めて指書が出現してから3カ月後の12月には30単語以上の指書が出現し、その頻度も1日に4、5回から十数回に増加しました。さらに、母親だけでなく姉と祖母に対しても指書が出現するようになり、学校でも教師に対する指書が増加します。この頃の教師からの連絡帳には、コミュニケーション改善の様子が記載されています。たとえば、この頃、「トイレに行く」という意味での「トイレ」の指書が定着しました。次の年の1月には「おやすみ」などの挨拶の指書が出現。初めての指書出現から6カ月経過した翌年2月には指書の数が100単語を越え、指書が日常生活に定着したと考えられます。この頃、テレビのおもしろい場面で声を出して笑うようになってきました。母親によれば、そのようなことは「今までにはなかったこと」と言います。4月頃から、これまでほとんど興味を示さなかった漢字単語に対し興味を持ち出し、漢字絵本や漢字辞書に熱中します。同時に、母親に漢字の音読を求める行為が見られるようになります。また、自分で調べるという行為が頻繁に出現するようになってきました。

4月には2単語続けて指書が出現します。たとえば、姉がお風呂に入っているとき母親に対し、「しゅうこ（姉の名前）」「おふろ」という指書が出現。家庭を訪問した初めて会う学生に対しても指書が出現。

5月になると形容詞（「小さく」「おおきな」）、動詞（「行く」）、助詞（「つみ木で」）、感情語（「すき」）の指書が出現するといった、品詞の拡大が観察されました。

ところで、私は一時「指書を筆談に発展させるために指導しよう」と考えたことがあり、意識的に晋平に対し筆談を求めたことがありました。しかし、晋平はそれをがんとして拒絶しました。また母親も、「はっきりとした理由はわからないけど、晋平にとって、指書と筆談とはまったく意味が違うように感じます」とコメント。そこで、私はしばらくのあいだ様子を見ることにしました。ところが今回もまた、その問題は晋平自身が解決してくれました。晋平自身が自主的に筆談を開始したのです。それは、次のような場面でした。

晋平は、おばあちゃんに何か伝えたいことがあったようです。そこで、おばあちゃんの手をとると手のひらに指書を始めました。ところが、おばあちゃんは、なかなかそれを読みとることができません。晋平の書き順はまったくいい加減なものですから、しかたがありません。そうこうしていると、晋平もイライラし出してきました。何を思ったか晋平はその場から立ち去ると、まもなく戻ってきました。そして、その手には紙とボールペンが握られていたのです。電話の脇に置いてあったメモ用紙とボールペンを持ってきたのでした。このとき以来、書字がコミュニケーション手段として使用されるようになったのです。

晋平はどのようにして自ら学習するようになったのか

晋平は、重度の自閉症児です。しかし私と母親は、「晋平自身の学びを大切にしながら育ててゆく」という基本方針を持って晋平と接してきました。それは裏を返せば、「可能なかぎり訓練的なことは避ける」という意味を持っています。これは、障害児教育の常識とはまったくかけ離れたものでした。

具体的には、晋平をいろいろなところにつれていったり、いろいろな経験をさせたり、そして可能なかぎり子どもたちの中で生活させてきました。小学校に入った頃から母親を「自分の母親である」と認めるようになり、笑顔も出てきました。また、人の言うことも状況の中ではある程度理解できるようになってきました。そして、小学4年生の夏休み、晋平は自ら「指書」というコミュニケーション手段を使い始めたのです。

ここで私が特に着目したいことは、「指書」というコミュニケーション手段は、指導されることがなかったという事実です。確かに特殊学級では、国語としての「文字指導」がかなり熱心に行なわれていました。そして、それは「指書」出現の基礎的な要因になっていたのかもしれません。しかし、それが「指書」出現の決定的な要因でないことは明らかです。なぜならば、晋平はプリントなどに文字を書くときには正しい筆順で書いていたにもかかわらず、「指書」ではまったくいい加減な筆順を用いたのです。つまりそれは、「文字指導」というよりは日常の中から晋平自身が「文字がコミュニケーション手段になりうる」ということを学び取ったと考えた方が自然なのです。

そして私は、晋平が「指書」の使用を自ら始めたという事実を、「晋平自身の学びを大切に」ということを基本方針として育ててきた結果であると考えています。重度の自閉症という障害を持って生まれた晋平ではありましたが、いろいろな経験をさせたり、可能なかぎり子どもたちの中で生活させた結果、晋平自身の「学び」が生まれたと考えています。家族の中で、そして子どもたちの中で生活することにより、晋平自身が人とのコミュニケーションを「楽しい」「心地よい」と感じることができるようになってきました。そのような「楽しい」「心地よい」と感じるコミュニケーションを行なう中で、母親から、姉から、そして子どもたちから晋平はさまざまなことを学んできたのだと思います。逆に考えれば、家族の一員として、そして子ども集団という共同体の一員として参加することによって、晋平には自らの「学び」が生じたのです。

たとえば、「指書」出現の約1年前から、晋平は母親や姉と頻繁に「文字遊び」を行なうようになります。晋平にとって「文字遊び」は、「楽しいコミュニケーション」であったことは確かです。言い換えれば、「文字遊び」は晋平にとって最高のコミュニケーションがなされている状況であり、その状況の中で晋平自身が「文字」をコミュニケーションに用いることを学び取ったと考えることができるわけです。

レイヴたちの「正統的周辺参加」の考え方に従えば、晋平にとって家族や子ども集団の中での活動は、「同じ空間に生活している」という意味において「正統的」であり、多少間違ってもみんなの中では大事にはならないという意味で「周辺的」であり、そしてなにより、それらの共同体に「参加」しているという実感があります。つまり、そこに参加することが「楽しい」「心地よい」と感じる家族や子ども集団は、晋平にとって、「状況に埋め込まれた学習」が成立する絶対条件だったと私は考えています。

8

状況の中で生まれる「学び」とは

再び、太郎の「太鼓踊り」考

本書の検討は、子ども集団の中にまじって太郎が「太鼓踊り」の練習をしている場に居合わせた私に生じた、次のような疑問から始まりました。

《もし、保母と一対一で踊りの指導を受けたら、太郎はもっと上手に踊れるようになるのだろうか?》

もし、他の子どもがいなくて、保母と太郎との一対一の練習だったら、太郎は保母からもっと手厚い指導、きめ細かな指導が受けられるはずです。保母は、太郎の反応を見て、太郎だけを対象にして指導することができるからです。大勢の中で踊りの練習をするより、一対一で指導を受けた方が、間違いなく太郎にとって踊りは上達するはずです。

しかしながら、私の心にわいてきたひとつの確信は、そのような常識的なものではありませんでした。

《保母と一対一だったら、こんなに上手には踊れないに違いない。この大勢の子どもたちのざわめきこそが、太郎を上手に踊らせているのだ。大人ではなく子ども同士、ひとりではなく大勢、これこそが太郎を上手に踊らせているのだ。》

この「主観」を、私は、いったいどのように説明したらよいのでしょうか？

太鼓踊りを上手に踊れるように、保母は「体の動かし方」「手の動かし方」「足の動かし方」の一挙手一投足を、ひとつひとつ丁寧に教えることが可能です。学習力の低い太郎にとって、ひとつひとつ丁寧に教えることは絶対に必要なことだと考えることもできます。ひとつひとつ丁寧に教えることによって太郎は、ひとつひとつの「体の動かし方」「手の動かし方」「足の動かし方」……を学んでゆく、と考えることは従来の常識です。このことは、ことばやさまざまな知識の学習についても同様です。簡単なことから複雑で難しいことへ、ひとつひとつスモール・ステップで系統的に教えてゆきましょう。そうすれば、障害があるとしても、最終的にはことばやさまざまな知識の学習が可能になります。これまでは、このように考えられてきました。そして、この常識は、障害児教育学や発達心理学においても前提となっています。

障害児教育学や発達心理学においては、伝統的に、「認知」を個人の頭の中の情報処理プロセスとして捉えてきました。そして、「学習」や「発達」はステップをふんで進行する個人のプロセスとして考えることが一般的でした。つまり、「学習」や「発達」とは、ある個人の知識や技能が具体的なものから抽象的なものへ、特殊から一般へというように進化するプロセスとして考えられてきたのです。確かに、個々の子どもが生活している社会、文化や環境の重要性も無視されてきたわけではありません。しかし、それらはもっぱら、そうした認知的なシステムに情報を入力したり、あるいは「環境要因」として、頭の中の認知的システムに影響を及ぼすものと見なされていました。このような考え方に従えば、必然的に、「学習」や「発達」は、初心者から熟練者へ至る個人の変化として見なされることになります。そして、あくまで教育や指導の主な関心は、個人の頭の中にある言語構造や知識構造などの認知的なシステムをいかにして変化させるのか、ということにあったのです。

しかし、検討の視点を「どのように教えるのか」ということから「太郎自らがどのように学ぶのかということ」へ移してみると、事情はまったく変わってきます。そこには、子ども集団という「共同体」の一員としての太郎という側面が浮かび上がってきます。そして、その中で学ぶ太郎の生き生きとした姿が見えてくるのです。

子ども集団という「共同体」には、それ独特の世界があります。レイヴたちの「正統的周辺参加」の考え方に従えば、太郎にとって子ども集団は「同じ子ども同士のひとつの営み」という意味において「正統的」であり、多少間違ってもみんなの中では大事にはならないという意味で「周辺的」であり、そしてなによりも、その共同体に「参加」しているという実感があります。つまり、大勢の子どもたちの中で「太鼓踊り」を学ぶということは、太郎にとって「状況に埋め込まれた学習」そのものなのです。

ところで、太郎の学習が、レイヴたちが研究対象とした徒弟制度における学習と決定的に異なるのは、徒弟がその共同体の中で「学びたい」と強く思っているのに対して、太郎の場合はそのような気持ちはないか、あるいは確認できないという点です。大勢の子どもたちの中で太郎が「太鼓踊り」を学んでいるとき、そこにあるのは、「楽しい」と思っている各々で構成された「子ども集団」という共同体と、やはり「その場にいて楽しい」と感じている学習者としての太郎です。いわば、そこにはコミュニケーションが成立している状況があります。つまり、レイヴたちが主張する「状況に埋め込まれた学習」は、学習者が「学びたい」と強く思っていない場合にも成立することが、この事実から明らかになるのです。この場合、共同体と学習者とを結びつけるのは「師匠は教えたいと思い、徒弟は学びたいと思う」という関係ではなく、「ともに自分が楽しい」という関係です。そしてそれは、あくまでも双方の「関係」があって初めて成立するものなのです。

もうひとつ気になる問題は、コミュニケーション能力の低い太郎が、子ども集団の中で、はたして有効な学習ができるのだろうか、という疑問です。「そもそもコミュニケーションが苦手なのだから、共同体の中では何も学ぶことはできない」という批判も予想されます。しかし、ここでもやはり重要なのは、太郎が子ども集団という共同体の中で「楽しい」という気持ちを持っているか否かです。逆に言えば、共同体の中の一員として「楽しい」という気持ちを持っていれば、その中で「学ぼう」という気持ちがなくても「学び」は生じうるということです。したがって、太郎のようなコミュニケーション能力の低い学習者ほど、人間関係などの条件の整った共同体、つまり良いコミュニケーションが成立している共同体の存在が重要となります。

結局は、コミュニケーションの苦手な子どもたちも、良いコミュニケーションが成立している共同体の中でしか学ぶことはできないのであり、その中で行なわれる「状況に埋め込まれた学習」が重要なのです。

さらなる検討のために

本書の検討は、太郎が子ども集団の中にまじって「太鼓踊り」を練習している場合と、保母と一対一で踊りの指導を受ける場合を比較して検討してきました。そして、私の最初の主観的な印象にもとづき、子ども集団の中における学習を効果的とする立場で検討を進めてきました。

しかしながら、さらに議論を進めるならば、これまでの検討に対してもう一歩深く踏み込む必要が出てきます。つまり、「あらゆる場合において状況的学習がよく、一対一の個別指導が悪いのだということを主張している」という誤解を解かなければならないのです。たとえば、次のような主張が予想されます。つまり、太郎にとっては子ども集団の中での状況的学習は適切ではあるが、たとえば大学生がダンスを学ぶ場合は一対一の個別指導が有効であるという主張です。つまり、学習者が初心者である場合には、状況的、無自覚的な学習が有効であり、熟練者になるにしたがい、計画的、自覚的な学習が有効であるという考え方です。

　しかしながら、状況的学習論、あるいは状況論的アプローチの特徴は、このような二元論的な考え方を前提としないことにあります（上野、１９９９）。つまり、状況的学習論の立場にたてば、一対一の個別指導すらも状況に依存した行為なのです。ただし個別指導というのは、われわれの自然な生活から言えば、「非常に特殊な状況」と言うことができます。個別指導というカプセル化された「非常に特殊な状況」が、太郎にとって有効な学習環境なのかという問いに置き換えて考えることができるわけです。問題なのは、個別指導という「非常に特殊な状況」において、太郎に「太鼓踊り」の一挙手一投足を教えることが効果的かということです。この疑問は、言語や知識の学習に関してもまったく同様にあてはまります。

　ここで思い浮かぶのは、自閉症の特徴のひとつとしてしばしば問題とされる「般化困難」です。自閉症の子どもには、教室や訓練室で学習したことが他の場面ではできなくなってしまうということがよくあります。つまり、ある状況で学習したことはそれと同じ状況でしか使うことができず、状況が変わるとせっかく苦労して学習したこともまったく生かされないということがよくあります。その結果、自閉症児の行動はワン・パターンで、行動レパートリーを拡大したり発展することは非常に困難であるとされます。しかし、状況的学習論の立場から見れば、これまで自閉症の特徴とされてきた「般化困難」は自閉症の特徴ではなく、「学習の状況」に潜む特徴であるということになります。

このように、従来、頭の中の認知的システムを重視する考え方では有効と判断されてきた個別指導という学習が、状況的学習論の立場から見れば多くの問題点を抱えていることになるのです。状況的学習論の立場からすれば、学習というものはすべて状況に埋め込まれているのであり、もしそのことを前提とするならば、太郎の場合は、一対一の個別指導よりも子ども集団の中での学習が効果的であったという結論が出ます。

結局、私が本書で試みようとしたのは、「太郎自身が学ぶということ」への着目です。そこでは、従来の「どのように教えたらよいのか」ということから「子どもはどのように学ぶのか」ということへの視点の移動があります。確かに、これまでも「子どもの学び」はしばしば話題にされてきました。しかし、そこには、いつの時にも「どのように教えたらよいかを知るために、子どもの学びを知る」という大前提がありました。子どもが「どのように学ぶか」がわかれば、「どのように教えるか」がわかると考えるのです。今われわれに必要なのは、「どのように教えたらよいのか」ということから切り離して、「子どもたちは現場で、どのように学んでいるのか」を検討することだと思います。

そして結論を言えば、「学び」は「状況」の中でのみ生まれるということなのです。そしてこのことは、サッチマンやレイヴたちがこれまで主張してきた「状況に埋め込まれた学習」という考え方が、障害を持つ子どもたちの「学習」についてもまったく同様に言えること、さらにその際、各々が「楽しい」「心地よい」という心理状態で結びついた共同体の中に、自らも「楽しい」「心地よい」と感じながら参加することによって学習が成立することを示していました。つまり、学習が成立するためには、コミュニケーションが必要なのです。

小説風：雨上がりの朝

さて、なんとかひとつの大きな検討を終わらせることができました。最後に、風太郎と風子の1年後を報告しなければなりません。風子はこの1年間、さまざまなことを学び、そして考えてきました。いろいろな出来事も経験しました。そして迎えた、ある朝の様子です。

この1年のあいだに風太郎と風子に何が起こったのかを知りたいでしょう。でもそれは、この本を読み終えたみなさん自身で考えていただければ幸いです。

雨の音で、風子は目をさました。

「雨か……」

寝室はまだ暗闇に包まれていたが、風子はその中に朝のわずかな気配を感じた。

「5時頃か……」

軽く寝返りをうって、枕元の時計を見る。12個の丸い点と長短の線だけが、暗闇から浮かび上る。

「5時10分か……」

風子は、自分の予想が当たったことを別段うれしいとも思わず、また目を閉じる。

雨の音がする。

「なんて静かなのかしら……」

雨の音は、静かである。それは、どのような静寂よりも、ずっと静かである。

雨の音にかさなり風太郎の寝息がかすかに聞こえる。風子は視線をとなりのベッドに向ける。そして、心から風太郎を「かわいい」と思った。

いつ頃からか、たぶんそれはごく最近のことだが、風太郎のことを心から「かわいい」と思えるようになった。それは、1年前までは考えられなかったことである。

風子は、それまでに、風太郎を「かわいい」と感じたことが一度もなかった。生まれてきた風太郎を初めて見たときにも、「かわいい」とは感じなかった。あの頃は、子どもを作ろうなどとは考えてもいなかった。自分の意志でできた子どもではないということが、風子の気持ちをイラだたせた。

それでも、あのとき、夫がやさしいことばのひとつでもかけてくれたなら、私の気持ちも変わっていたかもしれない。それなのに彼は、仕事を優先し出産にも立ち会ってはくれなかった。その後も、子どもができたから仕事を早くきりあげるということは、ただの一度もなかった。むしろ、帰りが遅くなったような気がする。それは、風太郎の泣き声がうるさくていやなだけか、それとも外に女性でもできたのか。そんなことばかり考えていて、風太郎を「かわいい」と思う心のゆとりが私にはなかった。

身体的な疲労と精神的なストレスとがつのり、母乳さえほとんど出なかった。母乳でも出たら、風太郎にお乳をやりながら、「ああ、かわいいな」と思ったかもしれない。でも、母乳は出なかった。出そうという気にもならなかった。栄養のバランスがとれていると思い込み、始めからミルクを与えていた。ミルクを飲んでいるときの風太郎は、やたらと重く感じた。友人にそのことを話したら、母乳をやっているときに赤ん坊を「重い」なんて感じる人はいないんじゃあない！と驚いていた。やはり、その「重さ」も、「かわいい」と感じないことからくる精神的なものかもしれない。

とにかく赤ん坊のときは、泣きわめく風太郎にイラだっていた。だから正直のところ、産休が終わり、風太郎を保育園にあずけて仕事を再開したときは、本当にホッとした。生き還ったような気分だった。

それからは、物理的にだけでなく精神的にも、風太郎を保育園まかせにしていた。一緒にいるときでも、家事が忙しかったのと仕事で疲れていたのとで、風太郎と遊ぶ時間すらなかった。風太郎の顔すら、ゆっくり見ることがなかったような気がする。たとえ風太郎が保育園で顔に大きな傷を作ってきたとしても、ひょっとすると私は気がつかなかったかもしれない。

それに今、改めて考えてみると、もうその頃から風太郎の障害が始まっていたのだろう。

そんな精神状態の私でも、もし風太郎が私に甘えてくれれば、「ああかわいいな」と思ったのかもしれない。でも、あの子は私に甘えるどころか、私を無視し続けた。私と視線すら合わせようとしない。私もそれをいいことに、風太郎を完全に無視していた。あの子が私を何か物のように思っているのとまったく同じように、私もあの子を物のように扱っていた。あの子が私をまったくしたってくれなかったように、私もあの子を「かわいい」と思うことはなかった。

とにかく私は、これまで風太郎を「かわいい」と思うことはなかった。

それが今、私は風太郎を見て、素直に「かわいい」と思う。顔がかわいいとか、しぐさがかわいいとか、そういう感じとは少し違う。そういう具体的な感情ではなく、非常に漠然とした「かわいい」という感情。どこがどうかわいいのかと質問されても答えられない、そんな「かわいい」という感情を、今私は風太郎に対して感じている。

ひょっとすると、私がこんな気持ちになったのは、風太郎が生まれて初めてかもしれない。いったい、これはどうしたことだろうか？　風太郎に何か変化が現れたのか？　訓練によって風太郎の障害がよくなればきっとかわいいと感じるようになるだろうと、私は前から思っていた。とすると、風太郎の障害が治ってきたのか？　でも、風太郎は1年前となんら変わらない。今でも私を無視し、視線すら合わせようとしない。相変わらず「アー」とか「ウー」とか叫びながら、家の中をうろうろ歩きまわっている。相変わらずミニカーを規則正しく一列に並べ、アルファベットや数字に見入っている。風太郎にはなんら変わったところは見あたらない。

すると、1年間で変わったのは私なのか？　でも、私の障害児に関する知識は1年前となんら変わってはいない。それでは、私の何が変わったのか？　この1年間は、私の何を変えたのだろうか？

風子は、2、3日前から、また働くことを考えていた。風太郎を保育園にあずけて、都心のブティックで働く。あの、1年前と同じ生活。

はたして、本当にそれでいいのだろうか？

本当に、それが私にとって、そして風太郎にとっていいのだろうか？

風子に、自信などまったくなかった。

「でも……何かが変わった。」

何が変わったのか、風子にはわからなかった。

ただ、風太郎を「かわいい」と感じるようになり、訓練に対してかすかな疑問が生じ、そして、夫との関係がほんの少し変わっただけである。

どれもみんな曖昧であり、ひとつとしてここが変わったと確信できるものはない。

「でも、何かが変わった。」

風子は、それを声に出して言ってみた。

そして、思った。

もう、何が変わったかなど知りたくはない。

「何かが変わった」ということだけで、十分である。

風子は、1年前と同じ生活に戻ることを決心していた。

風太郎を保育園にあずけ、都心のブティックで働くという生活。


「雨がやんだ……」

風子は、思った。

いつのまにか雨がやみ、寝室の厚いカーテンがうっすらと白みかけている。

風子はベッドから出ると、リビングのブラインドを開けた。

朝の日差しが、暗闇に慣れた目にまぶしい。

風子は掃き出しのドアを開け、ベランダに出た。

ひんやりとして心地よい空気が、全身を包む。

「あーあ」

声を出して、背のびをする。

雨に濡れた家々の瓦が、キラキラと朝日に輝いている。

「さあってと。また、忙しくなりそうだわ。」

風子はそう思うと、まだ寝ぼけているはずの風太郎を起こしに、ベッドに向かった。

文献

1 Lave, J. and Wenger, E. *Situated Learning* Cambridge University Press, 1991.（佐伯胖訳『状況に埋め込まれた学習―正統的周辺参加』産業図書、１９９３。）

2 上野直樹『仕事の中での学習―状況論的アプローチ』東京大学出版会、１９９９。

おわりに

私は先に『鉄腕アトムと晋平君―ロボット研究の進化と自閉症児の発達』（ミネルヴァ書房、１９９８）を出版しました。『鉄腕アトムと晋平君』では、ロボット開発の基本的な設計に関する考え方と、自閉症児をどう育ててゆくかということに関する考え方とをだぶらせて検討しました。そこで明らかになったことは、「ロボットに（自閉症児に）させたいことを、ひとつひとつ丁寧に系統立ててプログラムする（指導する）」という従来の基本的な考え方が、すでに行き詰まりを見せているという点です。このようなやり方は、実験室や訓練室の中では有効でも、現実の日常生活場面では役立たないということがはっきりとしてきたのです。そして現在、ロボット開発の現場で主流になっている「ひとつひとつ丁寧に教えることはあえてせず、ロボット自身が学習できるように設計する」という考え方を紹介しました。

本書は、そのような考え方を、子どもたちの中で学ぶ自閉症児に着目して再検討したものです。最近話題になっている「状況論的アプローチ」という視点から現場を見ることによって、子どもたちの中で自ら学習している自閉症児のイキイキとした姿が浮かび上がってきました。

それにしても、最近、子どもたちをとりまく環境の悪化が気になります。そして、学問とか科学とかの進歩が、子どもたちの幸せとは結びついていないような気がしてなりません。それどころか、かえって悪い方へと引きずられているようにさえ思えてきます。

私が子どもの頃は、鉄腕アトムが科学の象徴でした。最先端の科学技術の象徴である鉄腕アトムは、人間にやさしくて子どもたちの人気者でした。そこでは、最先端の学問とか科学とかが、子どもたちの幸せに結びついていたという実感がありました。

しかし現在、「学問とか科学とかが子どもたちの本来の発達を妨げているのでは」とさえ思うことがあります。そのひとつが、障害児に対する「専門的な訓練・指導」です。もちろん、これを全面否定するつもりはありません。しかし、もうそろそろ、日常の中で、そして子どもたちの中で学ぶ障害児に目を向けても良い時期に来ているのではないでしょうか。
手塚治虫氏は、鉄腕アトムの誕生日を2003年4月7日に設定しました。鉄腕アトムが誕生するまでに、子どもたちのイキイキとした笑顔をなんとかとりもどしたいと思っています。

この本は、佐伯胖先生（青山学院大学）のご丁寧なアドバイスがあって完成したものです。生田久美子先生（東北大学）、植田一博先生（東京大学）にも読んでいただき貴重なご意見をいただきました。また、新曜社編集部の塩浦暲さんにも大変お世話になりました。本当にありがとうございました。最後に、この本に登場していただいたT君、Mさん、S君、そしてそのお母さん方に感謝したいと思います。ありがとうございました。

2001年8月21日（鉄腕アトム誕生まであと593日）

渡部信一

著者紹介

渡部信一（わたべ　しんいち）

1957年仙台市生まれ。

東北大学大学院教育学研究科博士課程前期修了。

福岡教育大学障害児治療教育センター助教授を経て，
現在，東北大学大学院教育学研究科助教授。教育学博士。

主な著書に，『鉄腕アトムと晋平君―ロボット研究の進化と自閉症の発達』（ミネルヴァ書房），編著書に『こころと言葉の相談室』（ミネルヴァ書房）などがある。

E-mail: watabe@mail.cc.tohoku.ac.jp

新曜社

障害児は「現場《フィールド》」で学ぶ
自閉症児のケースで考える

初版第１刷発行　2001年11月20日©

著　者　渡部信一

発行者　堀江　洪

発行所　株式会社　新曜社
〒101-0051　東京都千代田区神田神保町2-10
電話（03）3264-4973・Fax（03）3239-2958
e-mail info@shin-yo-sha.co.jp
URL http://www.shin-yo-sha.co.jp/

印刷　星野精版印刷
製本　光明社

Printed in Japan

ISBN4-7885-0784-6　C1037